A VOZ DO SILÊNCIO

O livro é a porta que se abre para a realização do homem.

Jair Lot Vieira

H. P.
BLAVATSKY

A VOZ DO SILÊNCIO

e outros fragmentos escolhidos do
LIVRO DOS PRECEITOS ÁUREOS

Tradução para o inglês e notas
H. P. BLAVATSKY

Tradução para o português
FERNANDO PESSOA

mantra.

Título original: *The voice of the silence.* Tradução para o português realizada por Fernando Pessoa e publicada originalmente em Lisboa pela Livraria Clássica Editora, de A. M. Teixeira, em 1916.

Grafia conforme o novo Acordo Ortográfico da Língua Portuguesa.

1ª edição, 2ª reimpressão 2024.

Editores: Jair Lot Vieira e Maíra Lot Vieira Micales
Coordenação editorial: Fernanda Godoy Tarcinalli
Tradução: Fernando Pessoa
Edição de texto: Fernanda Godoy Tarcinalli
Adaptação do português e revisão: Lygia Roncel e Brendha Rodrigues Barreto
Diagramação: Karine Moreto de Almeida
Capa: Marcela Badolatto | Studio Mandragora

Dados Internacionais de Catalogação na Publicação (CIP)
(Câmara Brasileira do Livro, SP, Brasil)

Blavatsky, H. P., 1831-1891

A voz do silêncio : e outros fragmentos escolhidos do Livro dos Preceitos Áureos / H. P. Blavatsky ; tradução Fernando Pessoa. – 1. ed. – São Paulo : Mantra, 2020.

Título original: The voice of the silence.

ISBN 978-65-990262-6-3 (impresso)
ISBN 978-65-990262-7-0 (e-pub)

1. Budismo - Tibete 2. Ocultismo 3. Teosofia I. Título.

20-40853 CDD-299.934

Índice para catálogo sistemático:
1. Teosofia e Religião : 299.934

Maria Alice Ferreira – Bibliotecária – CRB-8/7964

mantra

São Paulo: (11) 3107-7050 • Bauru: (14) 3234-4121
www.mantra.art.br • edipro@edipro.com.br
@editoramantra

•

Para o uso diário dos Lanus
(Discípulos).

•

Nota da edição

Ao preparar esta edição de *A voz do silêncio*, a primeira das obras de H. P. Blavatsky publicada pelo selo Mantra, optamos por tecê-la a partir da tradução de Fernando Pessoa, publicada em 1916 pela Livraria Clássica Editora, de Lisboa.

O trabalho de edição do texto buscou honrar a integridade da tradução realizada por Pessoa, preservando suas escolhas vocabulares em sua quase totalidade, a fim de resguardar o estilo da escrita do poeta português.

Para além da adaptação do português de Portugal datado de 1916 para o nosso português atual, ativemo-nos ao esclarecimento e à solução de possíveis lapsos da publicação original, como equívocos de grafia ou aparentes saltos de conteúdo, sempre indicando entre colchetes as interferências ou os acréscimos realizados.

Para o esclarecimento dos referidos lapsos, consultamos a edição eletrônica da Theosophical University Press, de 2015, baseada na edição *verbatim* da edição de 1889, e a edição elaborada em 1996 pelos estudantes do Grupo de Estudos Teosóficos Philaletheians, sob a organização de Richard Slusser, com base no estudo comparado de três reimpressões da edição original de 1889.

Incluímos também a numeração dos aforismos estabelecida pela edição do Jubileu de Ouro, publicada pela Theosophical Publishing House, em Adyar, em 1939.

Em sua edição original de *A voz do silêncio e outros fragmentos escolhidos do Livro dos Preceitos Áureos*, Blavatsky acrescentou algumas breves notas de rodapé explicativas e posteriormente uma considerável seleção de notas de fim, agrupadas em forma de um glossário para cada um dos Fragmentos. Nesta edição, optamos por apresentar todas as notas como notas de rodapé, a fim de facilitar ao leitor o acesso imediato ao conteúdo elucidativo durante a leitura do texto. Para diferenciá-las, adotamos a numeração sequencial convencional para as originais notas de fim, que constituem o maior volume de notas, e a indicação por meio de marcadores para as primitivas notas de rodapé, respeitando a sequência original de apresentação das notas. As notas do tradutor estão identificadas por "N.T.", e as notas desta edição, por "N.E.".

A presente edição conta ainda com uma breve apresentação e um texto introdutório substancial sobre o percurso biográfico vivenciado por H. P. Blavatsky, produzidos pelo filósofo e tradutor Edson Bini, que oferece aos leitores uma síntese dos caminhos traçados pela autora desde a sua infância e que a conduziram à fundação da Sociedade Teosófica e à inestimável contribuição intelectual proporcionada por suas obras ao universo dos estudos espiritualistas.

Fernanda Godoy Tarcinalli
Coord. Editorial

Sumário

Apresentação

A Voz do Silêncio é um texto da maturidade existencial e espiritual de Blavatsky, expressão literária do clímax de sua jornada espiritual e, por assim dizer, o seu *canto do cisne*, já que cerca de dois anos depois viria a falecer.

Em tudo diferente dos seus escritos anteriores, o teor desse pequeno livro (se abstrairmos as notas explicativas de Blavatsky) não é filosófico a delinear e expor um sistema doutrinário, o que fora tarefa de *Ísis Desvelada* e *A Doutrina Secreta* e mesmo, em termos essenciais, de *A Chave para a Teosofia*.

Ele é, a um tempo, poético e devocional, representando a figura do *guru* a orientar serena e solenemente o discípulo (*lanu*), aquele discípulo cuja sensibilidade e coragem o converterão algum dia também em Mestre.

Assim, uma aura mística parece circundar as palavras deste opúsculo, e sua mensagem, expressa tanto por instruções incisivas quanto por fortes imagens poéticas, fala mais ao coração do que à razão.

De qualquer modo, é certo que o leitor familiarizado com os três grandes textos anteriores de Blavatsky, a se somarem às notas de Blavatsky para este texto, extrairá deste um proveito ainda maior.

Mas *A Voz do Silêncio*, que é a *voz* que o discípulo corajoso e diligente acabará por ouvir, parece sugerir também que a *voz* ruidosa do discurso racional é aqui secundária e até dispensável. Assim, essa expressão verbalmente parcimoniosa e econômica de Blavatsky em *A Voz do Silêncio* busca silenciosamente mais o coração espontaneamente receptivo do que o intelecto ativo e exigente.

Embora hoje fato relativamente notório, é oportuno lembrar que esse pequeno livro impressionou bastante o renomado escritor russo Leon Tolstoi (1828-1910).

A tradução de Fernando Pessoa (1888-1935), outro literato renomado e consagrado, que também era ocultista, vem conferir ainda maior brilho a esta edição.

Edson Bini

Blavatsky

Uma mulher notável

Considerações gerais

Constitui incumbência particularmente difícil escrever um texto breve e *despretensioso* (não somos nem especialistas, nem historiadores, nem teosofistas) sobre uma personalidade da estatura e envergadura de *Madame Blavatsky*. A leitora e o leitor que se motivarem por estas linhas sumárias e decididamente imperfeitas (porém, esperamos, estimulantes) podem e devem consultar as diversas biografias disponíveis dessa resoluta ucraniana. A propósito, mesmo os seus críticos mais ferrenhos e implacáveis não negam que ela foi uma pessoa extraordinária.

Todavia, o fato de Blavatsky[1] ter se tornado já na juventude, mas sobretudo na maturidade e até sua morte, uma figura humana admirada veementemente por uns e condenada com igual veemência por outros, atraindo amigos e adeptos entusiastas e fervorosos por um lado, e inimigos e detratores viscerais por outro, basicamente polarizando sua avaliação e deixando pouco ou nenhum espaço para apreciações mais ponderadas e menos emocionais e tendenciosas, a nosso ver nada tem de surpreendente ou incompreensível.

A história da humanidade exibe uma plêiade de exemplos desse fenômeno nos mais diversos campos da atividade humana: na religião, na política, nas artes, nas ciências, na filosofia etc. Não é segredo que pessoas incomuns encontram dificuldades para acatar padrões de conduta preestabelecidos e vigentes na sociedade, ou mesmo que se neguem a acatá-los. As idiossincrasias, os paradoxos e as rebeldias parecem ser uma prerrogativa dos seres humanos excepcionais. Como enquadrar uma pessoa extraordinária em uma regra concebida para pessoas ordinárias, ditas "normais"? Ora, não há dúvida de que os chamados *ocultistas* não são pessoas "normais". Mas voltaremos brevemente a esse tema. Por enquanto nos atemos a um quadro geral, mais abrangente.

A esquisitice, e mesmo franca dificuldade de socialização, dos gênios é flagrantemente sentida e detectada tanto por indivíduos comuns, como por governos e instituições que zelam pelos valores e leis convencionados. Afinal, não há códigos de conduta criados e promulgados especialmente para indivíduos excepcionais.

---

1. Doravante empregaremos apenas um reverente "B" para indicar Helena Petrovna Blavatsky.

Só para citar alguns exemplos aleatórios que nos ocorrem neste momento: como esperar um comportamento normal e regular de figuras humanas como Tchaikowsky, Wagner, Van Gogh, Nietzsche, Lovecraft, Kafka e Einstein?

Até gênios como Descartes e Kant, que, aparentemente trilhando a via oposta, dedicavam reverentemente suas obras às autoridades constituídas, solicitando humildemente sua aprovação e seu apoio, não viviam exatamente da mesma forma que os indivíduos ordinários. As peripécias de René Descartes e as excentricidades de Immanuel Kant são notórias.

Atravessando os tempos modernos e ingressando no mundo contemporâneo, percebemos que, apesar da relativa flexibilização dos costumes no Ocidente e do desaparecimento de Instituições como a Inquisição e autoridades acadêmicas como os antigos decanos da Sorbonne, a manifestação de criaturas excepcionais continuou causando assombro, incômodos, escândalos e abalos nos sistemas de valores das sociedades.

Ora, B constituiu um exemplo marcante e intrigante desse fenômeno.

Como opinávamos anteriormente, nada há de incompreensível nisso e que exija explicações elaboradas e complexas.

De fato, era inevitável que B viesse a se converter não só em uma figura de prestígio como também nevralgicamente controvertida no século XIX, o que, na verdade, perdura até hoje. Quase durante toda a sua vida, e já na adolescência e juventude, esbarrou e mesmo afrontou convenções de toda ordem.

O primeiro fator que, a nosso ver, já predispôs por assim dizer B "contra o mundo, porém a favor de sua transformação", foi o mero fato de haver nascido mulher em um mundo patriarcal[2], no seu caso, no seio do Império tsarista. Outro fator, de natureza distinta mas de igual importância, foi ela, pertencente à aristocracia, não ter se deixado encaminhar, como era a prática generalizada no que tocava às moças aristocratas, para um casamento consumado que lhe teria assegurado uma existência ociosa, despreocupada e bastante confortável nos moldes do egoísmo e individualismo da nobreza. Não! Ela enveredou, contra tudo e contra todos, especificamente pela via tortuosa e perigosa dos estudiosos e praticantes das chamadas ciências ocultas,[3] aquela mesma estrada acidentada, áspera e pedregosa que havia conduzido no passado medieval e moderno outros antes dela e contemporâneos seus (como Paracelso, Jacques de Molay, Cornelio Agrippa, Raymundo Lullio,

2. Ou seja, regido por homens.

3. Dizemos isso com reservas, e entendendo *ocultismo* no seu sentido mais amplo e genérico, já que B irá, em uma certa etapa de seu trabalho, distinguir *teosofia* e *ocultismo*. Ver *A Chave para a Teosofia*, seção II, "Teosofia exotérica e esotérica".

Eliphas Lévi, entre outros) não apenas ao saber e aos poderes ocultos, mas igualmente a serem perseguidos sem trégua, à miséria, ao cárcere e, na maioria das vezes, a uma morte trágica e infamante.

Evidentemente as três últimas dessas condenações e punições não eram mais aplicáveis no século XIX, mesmo contra uma mulher. Mas certamente a primeira o era, à qual se somavam novas modalidades.

É relevante e necessário observar, entretanto, que, apesar da misoginia encerrada no que poderíamos designar como "espiritualismo exotérico religioso"[4], alojada nas tradicionais sociedades patriarcais, a presença de ocultistas do sexo feminino no século XIX é bastante expressiva, o que não significa, porém, que a mulher se tornasse isenta de pagar o alto preço por suas incursões nos domínios geralmente reservados aos homens. O número de mulheres ocultistas nesse século XIX especialmente fecundo e produtivo do prisma esotérico é considerável. Mencionamos algumas que se celebrizaram, além, naturalmente, da própria B: Mabel Collins, Dion Fortune, Annie Besant e Anna Kingsford.

Esoterismo e exoterismo

Esses dois conceitos devem ser aqui tratados, ao menos de modo elementar, pois são fundamentais para o entendimento da história das religiões, do misticismo, do espiritualismo e do ocultismo.

Tanto um como o outro radicam no grego devido a dois advérbios (e preposições) que servem de prefixos linguisticamente muito importantes: είσω (*eíso*)[5], έσω (*éso*)[6], que significa *dentro, para dentro*; e έξω (*éxo*), que significa *fora, para fora*. No grego antigo e inclusive no moderno, temos por exemplo είσοδος (*eísodos*), entrada, ingresso, movimento para o interior, analiticamente "caminho para dentro" e έξοδος (*éxodos*), saída, movimento para o exterior, analiticamente "caminho para fora", que é inclusive o nome

4. Aquele encerrado, sobretudo, no Antigo Testamento da Bíblia. A misoginia é aí flagrante e incisiva. Já no primeiro livro do *Pentateuco* (*Gênesis*) a mulher é apontada como a parceira de Satã no empreendimento da perda do Éden e da Queda da humanidade, que a mergulha no pecado original. Em um outro livro das Escrituras hebraicas, a mulher é mais uma vez responsabilizada pela perda do Paraíso e por nossa condenação ao sofrimento, à fadiga e à morte: "Da mulher veio o princípio do pecado, e é por causa dela que todos morremos." (*Eclesiástico*, 25, 33). Lembremos que a punição da mulher adúltera era o apedrejamento até a morte, prática repudiada por Jesus de Nazaré.

5. Forma jônica.

6. Forma ática.

grego do segundo livro do *Pentateuco*, atribuído a Moisés, ou seja, aquele que descreve a *saída* dos hebreus do Egito.[7]

O sentido primordial e ordinário desses prefixos deu origem ao sentido especial presente na história a que aludimos, em consonância com outra dualidade verbal conhecida daqueles chegados ao estudo do espiritualismo, das religiões e do ocultismo, ou seja, o *sagrado* e o *profano*. Assim, no que respeita ao saber daquilo que poderíamos chamar, grosso modo, de *coisas espirituais*, o **esotérico** é aquele saber *interno*, que se mantém exclusivamente *dentro de* um pequeno círculo fechado de Iniciados, um punhado de eleitos que obtiveram esse ingresso, essa admissão por força de ingentes esforços que os tornaram capazes de superar duras provas, e se fazerem merecedores dessa posição elevada. Esse saber a que tiveram acesso deve ser por eles conservado em absoluto segredo, sob pena de duríssimas punições.

Desde a antiguidade remota, mas sobretudo a partir do que convencionamos denominar *Escolas de Mistérios do Antigo Egito*[8], existe esse, por assim dizer, confinamento do saber esotérico, reservado a uns poucos indivíduos que galgaram um elevado posto humano graças não só a sua inteligência, mas principalmente graças ao seu empenho, seu desapego das coisas materiais e mundanas, e suas qualidades morais, espirituais e psíquicas.

No decorrer dos milênios e séculos, com o declínio do espiritualismo e a ascensão do materialismo (sobretudo no mundo ocidental), esse saber esotérico que se manteve oculto foi preservado geralmente pelos místicos do Oriente e pelas Ordens iniciáticas ou esotéricas do Ocidente. Algumas delas são célebres, como a Maçonaria, Os Cavaleiros do Templo, a Ordem Rosacruz, a Grande Fraternidade Branca e, mais recentemente, a Golden Dawn (Ordem Hermética da Aurora Dourada).

O **exotérico** é aquilo do saber esotérico que, traduzido superficial e sofrivelmente, sob a roupagem das crenças, dos rituais, dos mandamentos e dos sacramentos, é comunicado e disponibilizado à grande massa dos seres humanos,[9] que, considerados incapazes, inaptos e despreparados para receberem a ambrosia e o néctar do saber maior, recebem apenas um extrato ralo desse saber. Assim, a *exoterização* foi e é o processo executado ao longo do tempo de "passar para fora" gradativamente porções desse saber esotérico às pessoas em geral, exteriorizá-lo. É a esfera do religioso, que se distingue do místico e do esotérico, embora beba na mesma fonte.

As religiões são *dogmáticas*, isto é, as hierarquias sacerdotais estruturam e impõem "verdades" que não podem ser questionadas ou investigadas

---

7. Nossa referência é à *Torah* (*Lei* de Moisés), e o segundo livro é *Shemot*, hebraico que significa *nomes*.
8. Que podemos datar ao menos por volta de quatro milênios a.C.
9. Função das organizações ou instituições religiosas convencionais.

por seus adeptos, mas tão só aceitas. Daí a célebre e tradicional imagem ou analogia da figura do sacerdote como "pastor" e dos fiéis, crentes ou adeptos da religião como "ovelhas". O primeiro conduz as segundas, que, obedientes e passivas, se deixam conduzir por ele.

É preciso entender que, a rigor, o conteúdo do exotérico é o mesmo do esotérico, até porque o primeiro provém do segundo e, ademais, eles não são incomunicáveis e estacionários. Há uma dinâmica que, ocorrendo através do tempo, transforma gradativa e dosadamente, como já insinuamos, o esotérico em exotérico.

Talvez pudéssemos dizer, empregando uma imagem bastante comum, que são faces da mesma moeda. Certamente não são faces exatamente iguais, pois uma é polida e límpida, enquanto a outra (a exotérica) é embaçada e imprecisa.

Nesse sentido é possível concebermos a existência de um lado esotérico da religião, a qual é exotérica. Há um cristianismo esotérico, como há um judaísmo esotérico (*Cabala*), como há um Islã esotérico (*sufis*) e assim por diante. B, embora haja se convertido ao budismo oficial, estudou e cultivou o budismo esotérico, já que o estudo e a prática das ciências ocultas se desenvolve no seio do esotérico.[10]

Em consonância com isso, embora saibamos que há textos propriamente esotéricos, também estamos cientes de que certos textos ditos *exotéricos* são, se lidos e estudados *interpretativamente* e não *literalmente* no âmbito da rigidez dogmática, *esotéricos*. O exemplo mais óbvio disso é o *Pentateuco* da *Bíblia,* que corresponde à *Torah*, a qual nos remete à *Cabala*.

Dados biográficos

Helena Petrovna Blavatsky nasceu Helena Petrovna von Hahn, em 12 de agosto de 1831 (31 de julho no calendário juliano), na cidade ucraniana denominada Yekaterinoslav (atual Dnipro, na província de Dnipropetrovisk), então pertencente ao Império Russo do *tsar*. Sua ascendência era alemã por parte de pai e russa por parte de mãe. Tanto os von Hahn quanto os Fadeyev eram abastadas famílias aristocráticas. A avó de Blavatsky era a princesa Yelena Pavlovna Dolgorukaya. Helena foi batizada na Igreja Ortodoxa Russa.

Seu pai, Pyotr Alexeyevich von Hahn, era oficial de alta patente no exército russo, tendo atingido o posto de coronel; seu avô materno, Andrei Fadeyev,

10. Atentar para a nota 46 de B no Segundo Fragmento desta edição de *A Voz do Silêncio*. Nesta mesma obra (Segundo Fragmento, *Os dois caminhos*, 119), lemos "A doutrina dos olhos é para a multidão; a doutrina do coração é para os eleitos.". A "doutrina dos olhos" é a exotérica, enquanto a "doutrina do coração" é a esotérica.

exercia cargos importantes como funcionário do Império, e, em virtude de sua atividade e, sobretudo, daquela de seu genro Pyotr, a família mudava regularmente de cidade, começando por Romankovo e prosseguindo para várias outras cidades do Império.

Entretanto, nem sempre foi possível à família conservar-se unida. Em 1835, Blavatsky e sua mãe se transferiram para Odessa, mudando o domicílio já no ano seguinte para São Petersburgo. É interessante e relevante salientar que avó, mãe e ela mesma jamais frequentaram escolas externas, sendo autodidatas. B recebera aulas de piano da mãe e viria a iniciar seu aprendizado de francês por meio de aulas particulares. Aprenderia posteriormente mais cinco idiomas (além do russo e do francês) pelas mesmas vias.

Sua jovem mãe (Helena Andreyevna von Hahn), no período de São Petersburgo (até 1838), firmou-se como escritora e tradutora, sob pseudônimo; a propósito, as primeiras traduções para o russo das obras do romancista e ocultista inglês Edward Bulwer-Lytton (autor do aclamado *Zanoni*) foram realizadas por ela.

B teve vários irmãos, entre eles Sasha (morto ainda na tenra infância), Vera Petrovna e Leonid.

Em 1838, sua mãe, Vera, e ela rumaram para Poltava, reunindo-se com Pyotr, isto após uma breve estadia em Astrakam, onde conheceram uma família de seguidores do budismo tibetano. Embora seja presumível que aquela menina de apenas seis anos já houvesse captado alguns lampejos do ocultismo graças à atividade intelectual da mãe, o certo é que o contato com os adeptos do budismo tibetano constituiu o marco de seu bisonho ingresso nos domínios da religião e do misticismo.

Posteriormente e em uma célere sequência, a família von Hahn deslocou-se para Saratov em 1840 para então adentrar a Polônia. Finalmente regressaram a Odessa. Nesta importante e enigmática cidade, a mãe de B faleceu aos 28 anos (1842), vítima de tuberculose. B e seus irmãos retornaram a Saratov, passando a viver com seus avós maternos. Nessa época, Andrei Fadeyev já ocupava um posto ainda mais proeminente na cidade.

B foi uma menina não só intelectualmente precoce como também de comportamento atípico, muito diferente de outras crianças de sua classe social, a ponto, inclusive, de preferir o convívio com crianças de classe inferior.

Entre os onze e os doze anos, "como se determinado pelo destino", sua vida cruzou novamente com aquelas dos *Kalmyks*, os seguidores do budismo tibetano. Foi com eles que B aprendeu os primeiros rudimentos da língua tibetana. Curiosa e muito atenta com coisas que, de fato, pouco ou nada tinham a ver com os interesses de uma adolescente, descobriu um tesouro peculiar em Saratov, a saber, a biblioteca de seu bisavô, o príncipe Pavel Vasilevich Dolgorukov. Talvez tenha sido essa descoberta o fator principal na sua vocação para o ocultismo.

Seu bisavô fora um expressivo franco-maçon nas últimas décadas do século XVIII. Na sua biblioteca, B viu-se diante de importantes obras de ocultismo que não tardaram a conquistá-la. Décadas depois, B evocará essa sua fase da meninice, na qual não apenas envolveu-se com leituras esotéricas, como também experimentou sua primeira manifestação de uma *faculdade extrassensorial*,[11] nomeadamente a *visão* de um indiano. Esse teria sido o primeiro contato com um dos seus Mestres ocultos.

B recorda também que, entre 1844 e 1845, acompanhada de Pyotr, seu pai, visitou Londres, onde se aprimorou como pianista graças às lições de Ignaz Moscheles, o conceituado virtuose e compositor. Apresentou-se ao piano, inclusive, com Clara Schumann (alguns de seus biógrafos consideram que essa sua viagem a Londres nunca ocorreu).

Após breve estadia com sua tia Yekaterina Andreyevna Witte, a adolescente de 14 anos foi levada à Geórgia, onde seu avô Andrei fora instalado em uma nova posição. Nessa ocasião (B o narra), ela conheceu um franco-maçon russo (Alexander Vladimirovich Golitsyn), com o que o seu interesse pelo ocultismo foi bastante intensificado. Voltou, então, a ter visões de seu "Mestre indiano", ao que se somaram suas primeiras experiências de "dissociação temporária do corpo astral", a chamada projeção astral.

Em julho de 1849, B casou-se com o aristocrata Nikifor Vladimirovich Blavatsky. Tudo indica que o fez por pressão de sua família, até porque logo depois tentou mais de uma vez fugir do palácio no qual fixara residência com o "marido", diante do que Nikifor acabou capitulando e a liberando para o regresso a sua família. É quase certo que B se negou a cumprir seus deveres conjugais. Quatro decênios depois, B declararia que se mantivera virgem toda sua vida.

Dispensando aqui, a favor da concisão, outras destinações de B, vemo-la agora em Istambul, após haver frustrado o intento de seu pai de tê-la de volta em Odessa. Istambul seria (algo questionado por alguns de seus biógrafos) o seu ponto de partida para encetar viagens a diversas regiões do planeta entre 1849 e 1858.

Com uma certa condessa Sofia Kiselyova, e crescentemente motivada pelos temas esotéricos, a jovem B (agora com dezoito anos) visitou lugares significativos do Egito, da Grécia e do Leste Europeu. Merece destaque, nessa oportunidade, seu contato (duvidoso, segundo alguns) com um mago copta chamado Paulos Metamon.

Em 1851, encontramo-la na capital da França, onde veio a inteirar-se a respeito do mesmerismo, assunto que agitava os meios devotados ao psiquismo na época. Atravessando o canal da Mancha, ei-la na Inglaterra, ocasião em

11. *Iddhi* na língua páli, que corresponde, segundo informa a própria B precisamente na nota 1, no Primeiro Fragmento desta edição de *A Voz do Silêncio*, ao sânscrito *Siddhi*.

que conheceu *pessoalmente* o indiano que a ela se manifestara sazonalmente em visões desde sua infância. B o chamaria doravante de Mestre Morya. Os relatos de B acerca das precisas circunstâncias em que se encontraram, devemos admiti-lo, são confusos e mesmo incongruentes. De qualquer modo, esse encontro mostrou-se decisivo na trajetória de B, pois Morya lhe teria comunicado que a incumbiria de uma missão que exigiria sua presença no Tibete, país de forte apelo místico, situado no sopé do Himalaia, a maior cordilheira do planeta, denominada "o teto do mundo".

B, contudo, executaria ainda um percurso tortuoso, somente conseguindo ingressar no Tibete mediante consideráveis esforços em 1856. Durante os cinco anos transcorridos antes de cruzar a fronteira com a Caxemira, B visitou uma larga gama de localidades, conhecendo e interagindo com as mais diversas culturas, constantemente fiel ao seu desígnio de contatar, estudar e vivenciar as mais variadas expressões do esoterismo. Esteve no Canadá, nos Estados Unidos, no México e, inclusive, na América do Sul (países andinos, e ainda há quem sugira que esteve também no Brasil).

Nesse seu nomadismo incessante, rumou para a Ásia, alcançando o Ceilão (atual Sri Lanka) e a Índia. Sua estadia na Índia foi mais duradoura, sob orientaçao de Mestre Morya, com o qual vinha trocando correspondência.

Seu retorno à Europa ocorreu em 1854 (Inglaterra). A próxima escala incluiu novamente os EUA, o que foi sucedido por uma guinada que a devolveu à Índia, após uma rápida estadia no Japão.

Os pormenores sobre sua entrada no Tibete são um tanto inconsistentes, dando margem a concluirmos que adentrou aquele país em duas ocasiões, mediadas por uma nova estadia na Índia e em Java.

Mais uma vez na Europa, regressou à França, fazendo constar no seu circuito a Alemanha. Presumivelmente saudosa de sua família e de sua terra, reencontrou tanto uma como outra em 1858, quando contava vinte e sete anos.

Conforme ela mesma registra, foi a época na qual percebeu sua capacidade de mover objetos à distância (telecinese), associada à clariaudiência. Suas faculdades extrassensoriais ganhariam grande impulso nesse período.

Retomando suas viagens, visitou a Itália, a Romênia (mais exatamente a Transilvânia), no Leste Europeu, e a Sérvia. Em 1867, a encontraremos na Hungria.

Ainda com base em seus próprios relatos, em 1867 Morya a convocou para uma reunião consigo na Turquia (Istambul), quando empreenderam juntos uma viagem ao Tibete, onde B conheceu seu segundo Mestre oculto, Koot Hoomi. Foi nesse ensejo que B se inteirou mais estreita e profundamente do budismo tibetano.

No Tibete, ela o declara, teve acesso a textos antigos escritos em *senzar*, idioma sagrado que, no prefácio de *A Voz do Silêncio* (*The Voice of the Silence*), ela qualifica como "língua sacerdotal". A fonte desses textos foi o mosteiro *Tashilhunpo*, localizado em Shigatse. Embora o acesso aos textos tenha sido possível, não o foi o ingresso de B ao mosteiro.

Sob as instruções e a supervisão de Morya e Koot Hoomi, esse período (1868-1870) revelou-se bastante frutífero para o desenvolvimento dos poderes extrassensoriais de B. Seus mentores eram detentores das mais diversificadas faculdades, tais como telepatia, clarividência, projeção astral e ubiquidade.

B foi então considerada apta e preparada para executar sua missão. Na Grécia, viria a conhecer seu terceiro instrutor do saber oculto antigo: Mestre Hilarion. A caminho do Egito, na embarcação SS Eumonia, uma tragédia de grandes proporções ocasionada por uma explosão a bordo viria a ceifar as vidas da maioria dos passageiros. Esse fato ocorreu em julho de 1871, e B foi uma das dezesseis pessoas que sobreviveram.

A primeira etapa da missão de B contemplava uma tarefa visivelmente oportuna e de enorme importância, porém extremamente árdua, ou seja, defender o espiritualismo contra céticos e materialistas, o fazendo atestando a realidade daquilo então correntemente denominado "fenômenos espíritas". Naquele momento afloravam na Europa, sobremaneira, duas correntes espiritualistas: uma do britânico Frederic William Henry Myers e a outra do francês Hippolyte Léon Denizard Rivail, que adotara o nome de Allan Kardec. No Cairo, B criou, juntamente com Emma Cutting, uma associação *espírita* cuja doutrina exotérica era essencialmente kardecista.[12] Essa iniciativa resultou em um completo fracasso, a instituição se revelando sumamente efêmera: não durou sequer um mês, sob a alegação de B da falta de médiuns autênticos nas *séances*[13]. Mas, ao menos, a estadia de B no Cairo foi proveitosa, porque conheceu duas personalidades incomuns: o egiptólogo Maspero e mais um de seus Mestres, Serapis Bey.

Depois de um percurso pelo Oriente Médio, B voltou a respirar os ares de sua cultura, ficando por algum tempo com sua família em Odessa. Em 1873, dirigiu-se à Romênia, para em seguida rumar para a capital francesa. Em Paris é estabelecido mais um marco da trajetória de sua vida e de sua missão.

Em 8 de julho de 1873, acatando o norteamento de Morya, B desembarcou na cidade de Nova York.

Necessário se faz observar que, desde sua chegada a Nova York, é presumível que suas infindáveis e infatigáveis viagens pelo mundo deixaram de ser financiadas por seu pai ou, ao menos, a ajuda financeira proveniente dele

12. Apesar desse seu *début* essencialmente espírita, no futuro B contestará que a comunicação mediúnica seja efetivamente com os espíritos dos mortos. Ver *A Chave para a Teosofia*, seção II, "Teosofia exotérica e esotérica": *Diferença entre teosofia e espiritismo*.

13. Sessões espíritas.

passou a ser formidavelmente escassa, pois B foi residir em uma cooperativa feminina, na qual principiou a ganhar a vida por conta própria.

Foi em função de sua atividade profissional ligada à propaganda e à publicidade que B granjeou um certo prestígio em Nova York, graças a uma entrevista concedida a Anna Ballard, jornalista do *The Sun*.

O desconforto financeiro veio a ser afastado por conta da morte de seu pai em 1873, quando ela herdou uma considerável fortuna, que lhe permitiu de imediato mudar para um luxuoso hotel.

Foi em 1874, durante sua investigação dos fenômenos atribuídos aos irmãos Eddy, que B conheceu o coronel, advogado e repórter Henry Steel Olcott, que executava idêntica investigação para o jornal *Daily Graphic*. Convencido das capacidades extrassensoriais da própria B, Olcott escreveu um artigo a respeito dela, logo seguido por uma entrevista, o que contribuiu enormemente para a maior popularidade de B. Empatia à primeira vista, tornaram-se unidos por uma amizade estreita, sedimentada por um mútuo e pronunciado interesse pelo ocultismo. No início de 1875 conheceram, na Filadélfia (Pensilvânia), os médiuns Nelson e Jennie Owen.

B e Olcott passaram a morar juntos na cidade de Nova York, dando prosseguimento ao seu estudo e a pesquisas em torno do ocultismo e do espiritualismo.

Com a aceitação, explícita ou tácita, de Olcott e conforme orientação dos mentores de B, o próximo passo foi a abertura do chamado *Miracle Club*, um espaço adequado no qual eram proferidas palestras de teor esotérico.

Esse centro de "filosofia espiritualista" acabou por ser o embrião de uma organização mais ampla: a Sociedade Teosófica[14], fundada em setembro de 1875 por B, Olcott e o espiritualista irlandês William Quan Judge.[15] A partir dessa data, a biografia de B se mesclará por vezes em simultaneidade e por vezes em alternância com o desenvolvimento e a expansão da Sociedade Teosófica.

Importante frisar que B sempre sustentou que a Sociedade Teosófica não era uma instituição *religiosa*. Devemos respeitosamente acrescentar que é bastante provável que tinha em mente o sentido usual que principalmente nós, ocidentais, costumamos atribuir à palavra *religião,* isto é, um conjunto de crenças, dogmas e rituais de cunho exotérico preestabelecido por um grupo de líderes espirituais, conjunto esse acatado obedientemente, sem qualquer questionamento, por milhares ou milhões de indivíduos, os fiéis.

No mesmo ano (1875), B principiou a redação de *Ísis Desvelada* (*Isis Unveiled*), obra em que indicava e tratava das doutrinas esotéricas e místicas

14. Doravante empregaremos apenas *ST* para indicar Sociedade Teosófica.

15. Ver a seção *Sociedade Teosófica,* na sequência.

que serviam de base à Sociedade Teosófica[16]. De acordo com B, o conteúdo dessa obra não fora majoritariamente produto de sua consciência racional, mas inspirado por uma espécie de "hiperconsciência". É importante salientar que B não se refere nem aos seus Mestres ocultos, nem a uma Inteligência externa superior transcendente, nem a uma entidade espiritual para a qual atuava como médium, mas a uma instância superior de seu próprio ser, em uma possível alusão à expansão de sua consciência ordinária, ou a um "estado alterado de consciência". *Ísis Desvelada* foi publicada em 1877[17]; a crítica não foi favorável, e houve acusação de plágio em virtude das muitas citações extensas sem autorização.[18] Entretanto, o público acolheu a obra tão auspiciosamente que o livro se tornou depressa um *best-seller*. Outro êxito abiscoitado por B foi a obtenção da cidadania americana em 1878.

Em dezembro de 1878, depois de leiloarem vários de seus bens e Olcott conseguir um cargo de representante comercial americano, ele e ela partiram para a Índia, chegando em Bombaim (atual Mumbai) em fevereiro de 1879.

Fixando residência nessa grande e importantíssima cidade indiana, o atípico casal de amigos e confrades não demorou a conquistar a simpatia dos indianos, já que, em lugar de frequentarem regularmente o ambiente exclusivo e privilegiado da elite britânica, preferiam o relacionamento e o convívio dos indianos; essa conduta, porém, passou a suscitar suspeitas da parte do imperialismo britânico, bem mais interessado na preservação de seu domínio político e de sua exploração econômica da Índia (com a aprovação dos proselitistas e missionários cristãos), do que na manutenção e no fortalecimento dos valores culturais locais, que abrangiam, decerto, o misticismo indiano sediado no hinduísmo e no budismo. B e Olcott eram objeto de contínua vigilância. A Inteligência britânica temia, presume-se, que aqueles dois "aparentemente inofensivos espiritualistas" pudessem fomentar, direta ou indiretamente, algum movimento de rebelião nas comunidades nativas; que se acresça a isso a suspeita de que B pudesse ser uma espiã russa.

Embora morando em Bombaim, B e Olcott naturalmente encetaram muitas viagens pelo território indiano, visitando, por exemplo, o Punjab e Agra. Em 1879, o ex-advogado Olcott retomou sua atividade jornalística, ao lançar com B a revista *The Theosophist*, que, tal como o movimento teosófico naquele país, não tardou a ganhar notoriedade e inúmeros leitores. No seu dinamismo, B e Olcott não só confraternizavam frutiferamente com indianos, como travavam relações com espiritualistas ingleses residentes na Índia ou em trânsito, como A. P. Sinnett e A. D. Hume.

Na sequência da visita que fizeram a Alahabad, se dirigiram a Benares (atual Varanasi). Mas foi no Ceilão (atual Sri Lanka) que ambos adotaram em

16. Ver a seção *Doutrinas*, na sequência.

17. Editada por Alexander Wilder.

18. Ver a seção *Obras*, na sequência.

caráter oficial o budismo. A essa altura, transformaram-se em "pessoas públicas" e "europeus incomuns", que atraíam a atenção dos habitantes locais.

Foi nessa época (1880) que B, por conta de um gesto espontâneo de solidariedade, envolveu-se em um conflito cujos efeitos viriam a prejudicá-la mais tarde. O leitor e a leitora devem se lembrar de Emma Cutting, que havia no passado (1871) aberto sem sucesso, conjuntamente com B, uma associação espírita. Emma, agora casada (Emma Coulomb), estava reduzida à pobreza, e B convidou o casal a residir consigo e Olcott em Bombaim, onde já se achavam alojados os teosofistas americanos Rosa Bates e Edward Winbridge; um desentendimento eclodiu entre esses dois últimos e o casal, e B tomou o partido do casal, sua atitude tendo ocasionado a saída dos americanos de sua casa.

Esse incidente viria a produzir frutos amargos para B, pois três anos depois o casal Coulomb foi acusado de desvio de fundos da Sociedade Teosófica sediada em Bombaim e "convidados" a deixar a Sociedade. A postura dos Coulomb foi se negarem terminantemente a fazê-lo e, como se isso não bastasse, apresentaram cartas, *supostamente* escritas por B, que "provavam" que esta não passava de uma fraudadora no que tocava aos seus poderes extrassensoriais; a ameaça de chantagem, trazendo à luz as tais "cartas comprometedoras", resultou na expulsão dos Coulomb da ST. Mas as coisas não pararam por aí; ato contínuo o casal se dirigiu a Madras (atual Chennai), conseguindo que a *Christian College Magazine* publicasse uma matéria sobre as supostas fraudes de B, baseada no conteúdo das tais cartas em posse dos Coulomb. Esse assunto repercutiu como rastilho de pólvora, a ponto de alcançar a redação do *London Times*.

Mas voltemos a 1880.

Em Simla, B. encontrou-se com Sinnett e, em uma de suas reuniões sociais, ela produziu alguns fenômenos de materialização.

Todavia, a associação com Sinnett viria a ensejar um outro fruto amargo a ser colhido por B. A pedido do espiritualista, B franqueou o seu acesso aos Mestres que, segundo Sinnett, haviam redigido e transmitido a ele um alentado volume, as *Mahatma Letters*[19]. Sinnett, que era também o editor de *The Pioneer*, publicou em 1883 uma síntese dos ensinamentos contidos nesse vasto volume com o título de *Esoteric Buddhism*[20]. Esse título, por si só, gerou problemas. Tanto estudiosos do budismo quanto a própria B sustentaram que tal título não correspondia ao teor das páginas do livro. No tocante às *Mahatma Letters*, devido ao mero fato de os Mestres ocultos permaneceram ocultos, isto é, não se manifestarem publicamente, sua autoria foi e ainda

19. Que poderíamos traduzir por *Cartas dos Mahatmas*. *Mahatma*, do sânscrito, significa "grande alma", sendo um título conferido na Índia a pessoas que se caracterizam por grande espiritualidade e inabalável bondade. O exemplo mais famoso do século XX é o de Mohandas *Mahatma* Gandhi.

20. Literalmente, *Budismo esotérico*.

é objeto de polêmica. Há quem afirme, ainda que não convictamente, que foram escritas por B.

Um ano antes dessa publicação controvertida de Sinnett, ou seja, em 1882, B descobriu que era vítima de uma moléstia renal (mal de Bright). Em busca de um clima que fosse favorável à preservação de sua saúde, mudou-se para Madras, onde a ST já instalara uma nova ramificação.

A aquisição de uma propriedade no bairro de Adyar no fim desse ano permitiu à Sociedade uma instalação mais ampla e apropriada, disponibilizando um espaço mais confortável à sua líder, que visitaria o Sikim e aproveitaria para uma nova estadia no Tibete.

Com o pipocar de transtornos na loja de Londres da ST, B, acompanhada de Olcott, resolveu retornar à Inglaterra, o fazendo via França. De Marselha, em março de 1883, rumou para Nice, onde estabeleceu contato com a fundadora da ramificação francesa da ST, a condessa de Caithness. Ambas então viajaram centenas de quilômetros atravessando o país do sul ao norte até Paris.

Em Londres, a despeito de sua tentativa de reconciliar Anna Kingsford e Edward Maitland com Alfred Percy Sinnett, uma cisão ocorreu inevitavelmente com a saída de Kingsford.

Foi em meio a esse cenário de instabilidade dentro da ST que B encontrou-se com o famoso espiritualista e literato inglês Frederic W. H. Myers, autor de *Human Personality and its Survival of Bodily Death* e co-autor de *Phantasms of the Living*[21], além de co-fundador e membro da *Society for Psychical Research*.[22] B concordara em submeter-se aos testes da SPR, visando a estabelecer o caráter genuíno de suas (dela) faculdades extrassensoriais. A conclusão da SPR, publicada somente em dezembro de 1885 e assinada pelo pesquisador Richard Hodgson, resumiu-se em um pronunciamento devastador, ainda que paradoxalmente elogioso no que tocava à inteligência incomum de B: "De nossa parte, não [a] consideramos nem a porta-voz de videntes ocultos, nem uma mera aventureira vulgar; julgamos que conquistou um título inesquecível: está entre os mais consumados, engenhosos e interessantes impostores da história.".[23]

21. Respectivamente, *Personalidade Humana e sua Sobrevivência à Morte Física* e *Fantasmas dos Vivos*, este último escrito com Frank Podmore.

22. *Sociedade de Pesquisas Psíquicas*. Doravante empregaremos apenas *SPR* para indicar *Society for Psychical Research*.

23. Os teosofistas consideraram essa conclusão carente de objetividade científica, e criticaram a metodologia de Hodgson; para eles, ademais, o pesquisador emitira um julgamento tendencioso, orientado por motivos pessoais.

B pensou inicialmente em processar a SPR, porém Olcott a dissuadiu dessa ideia.[24]

É oportuno registrar que, tanto a "denúncia" dos Coulomb (repercutida na imprensa europeia), quanto a acusação de plágio concernente à obra *Ísis Desvelada* e mesmo a conclusão incisivamente negativa da SPR relativamente a B e seus poderes extrassensoriais, embora hajam prejudicado a imagem de B e da ST na Europa, não produziram qualquer efeito negativo considerável no tocante à sua imagem na Índia.

Mas já a partir do início de 1885 B se ressentiu do agravamento de seu estado de saúde, o que a convenceu a desistir de viver na Índia, país de clima desconfortavelmente quente. Decidiu-se a optar por algum clima mais temperado da Europa, a escolha recaindo em Nápoles, na Itália. Abandonou sua função oficial de "secretária correspondente" na ST, na verdade uma mera formalidade, pois desde 1875 suas atividades como líder da ST iam muito além de um cargo administrativo. Passou a viver de uma pensão espartana dispensada pela Sociedade e retomou a redação de *A Doutrina Secreta* (*The Secret Doctrine*).

Entretanto, a despeito de suas forças declinarem e praticamente estar condenada a se mover em uma cadeira de rodas, a viajante inveterada rumou à Bélgica. Há muito, a maior parte de sua fortuna fora gasta e, a se somar à modesta pensão que recebia, aquela incansável mulher, agora com 55 anos pautados por uma atividade intensa e ininterrupta, abriu uma pequena fábrica de tinta de caneta.

A esse ponto, a ruptura com Sinnett (que assumira a direção da loja da ST de Londres) tornou-se inadiável, com base na reclamação de muitos membros de que ele, em lugar de manter e promover o espírito comunitário e ecumênico da ST (indiferente às distinções de classe social, raça, sexo, nacionalidade etc.), objetivava atrair o apoio da elite.

Em maio de 1887, topamos com B em Londres. Hospedou-se na residência da teosofista Mabel Collins, mas em setembro desse mesmo ano transferiu-se para a moradia de Bertram Keightley e Archibald Keightley, igualmente teosofistas.

Concluindo que as críticas de um expressivo contingente de membros da ST a Sinnett tinham fundamento, ao invés de destituí-lo ou confrontá-lo, B adotou uma estratégia que se revelou altamente eficaz: estabeleceu em Londres a Loja Blavatsky da ST, que provocou a migração em massa da maioria dos membros da Loja dirigida por Sinnett para a sua.

Essa iniciativa com êxito foi sucedida pela criação, também em Londres, de uma revista chamada *Lucifer*, nome que por si só, intencionalmente ou

---

24. Muito tempo depois, a SPR se retratou perante os teosofistas, ainda que restritivamente, negando a conclusão do relatório de Hodgson.

não, revelou-se provocativo, embora saibamos que B tinha em mente, é de se presumir naturalmente, a concepção esotérica relativa a esse nome, e não a exotérica. A propósito, era uma publicação concentrada exclusivamente no debate de ideias filosóficas.[25]

Em 1888, B finalmente deu por encerrada sua redação de *A Doutrina Secreta*. Diante da dificuldade de encontrar uma editora disposta a publicar uma obra tão extensa, não hesitou em fundar uma editora da própria ST, a *Theosophical Publishing Company*. A obra foi publicada em dois tomos, o primeiro sendo lançado em outubro de 1888; e o segundo vindo a público em janeiro de 1889.[26]

Pertence a esse estágio crepuscular da existência de B o seu encontro e breve relacionamento com Annie Besant, a qual logo se tornaria membro da Sociedade Teosófica.

Talvez pressentindo seu desenlace, B indicou Besant para sucedê-la na Loja Blavatsky. Em julho de 1890, a nova matriz da ST na Europa foi instaurada na ampla residência de Besant. Nesse mesmo mês, o jornal americano *The Sun* (o mesmo que tornara B conhecida do público americano em 1873) publicou uma matéria desacreditando os poderes extrassensoriais de B; a fonte foi Elliott Coues, ex-membro da ST. Dessa vez B efetivamente revidou, processando o jornal. Mas não chegaria a ficar ciente da retratação pública do *The Sun*, feita em setembro de 1892, pois viria a falecer em 8 de maio de 1891 (quando já residia com Besant), vitimada por um surto epidêmico de gripe que irrompeu em Londres. Ela tinha 59 anos, faltando três meses para completar 60 anos. Seus restos mortais foram cremados em 11 de maio de 1891.

A atuação de Blavatsky

A atuação de B desenvolveu-se em vários aspectos e frentes de trabalho, e em campos diversos, embora todos irmanados e fiéis a um propósito único. Nesse sentido, teoria e prática alternavam-se, pois se B se devotava ao estudo, ao cultivo e ao desvelamento dos *mistérios* no seio do esoterismo sob as diretrizes de seus Mestres, ocupava-se igualmente da Sociedade Teosófica (a partir de 1875) e de sua difusão e expansão; paralelamente, como líder espiritual visível, estava disponível como mestra espiritual (*guru*) daqueles que se filiavam à ST; adicionalmente, de forma gradativa e sazonal, tanto em consonância, pragmaticamente falando, com o tempo de que dispunha para isso, quanto na medida em que avançava na aquisição de saber oculto e de poderes

25. Ver a seção *Sociedade Teosófica*, na sequência.

26. Ver a seção *Obras*, na sequência.

extrassensoriais, B escrevia as obras nas quais eram registradas as doutrinas que serviam de base à ST, mais exatamente a extensa *Ísis Desvelada* e a extensíssima *A Doutrina Secreta*. Seus dois livros de proporções regulares, *A Chave para a Teosofia* (*The Key to Theosophy*) e o opúsculo *A Voz do Silêncio* foram redigidos no mesmo ano de 1889, próximo de sua morte (1891).

No século XIX, B assumiu a execução de uma tarefa colossal: a de desbravar os domínios de um conhecimento, ou melhor, de uma sabedoria (*sophía*) esotérica e oculta, que transcende tanto o conhecimento científico oficial quanto os sistemas filosóficos convencionais e as religiões institucionais.

Empenhou-se pessoalmente no estudo e na prática do ocultismo. Poderia, é claro, como tantos o fazem, limitar-se a uma senda unicamente individual, garantindo apenas para si a evolução psíquica e espiritual. Não! Esse não era seu objetivo maior. Sua meta precípua era compartilhar, na medida do possível, essa sabedoria associada ao despertar de faculdades psíquicas latentes com milhões de seus semelhantes, tentando responder, ademais, satisfatória e definitivamente, entre outras coisas, àquelas três perguntas fundamentais transcendentes do ciclo biológico que bilhões de seres humanos têm feito desde que a humanidade surgiu na Terra: *De onde vim? O que eu sou?* e *Para onde vou após a morte?* Indagações que a ciência materialista compreensivelmente não faz, que a filosofia, na metafísica, dependendo do filósofo, discute e para as quais oferece respostas opcionais e que as religiões (ao menos as ocidentais), em um plano exotérico, "respondem" dogmaticamente.

Essa postura altruísta de B (diga-se de passsagem, enfatizada por ela em *A Voz do Silêncio* e em *A Chave para a Teosofia*, embora não dirigida especificamente a si mesma) é extremamente importante, pois implica na distinção crucial de dois tipos de ocultistas, místicos, *Adeptos*[27] e mesmo *Iniciados*[28]: os que guardam (na sua senda mística ou mágica pessoal) exclusivamente para si a sabedoria e as faculdades insólitas que desenvolveram e os que, na medida do possível, as compartilham com seus semelhantes.

Sabemos que desde milênios esse saber oculto é interdito aos profanos, ao grosso da humanidade, estando restrito (por motivos bastante compreensíveis) a uma extrema minoria de eleitos que, recebendo Iniciação nas *Escolas de Mistérios* (sucedidas pelas Ordens esotéricas ou iniciáticas), conquistam-no graças a infatigável esforço e indubitável merecimento. Todavia, sabemos

27. Costuma-se grafar intencionalmente ***A***deptos (inicial maiúscula), no caso dos partícipes de uma Sociedade ou Ordem esotérica ou iniciática, precisamente para distingui-los dos ***a***deptos (inicial minúscula) de religiões dogmáticas exotéricas e do sentido geral e amplo da palavra, ou seja, os adeptos de qualquer instituição, não só religiosa, mas também política, partidária etc., ou seja, aqueles que dão *adesão* a determinada instituição ou mesmo a determinado indivíduo.

28. A letra ***I*** (maiúscula) também é empregada para distinguir o sentido sagrado e extraordinário da palavra, daquele profano e ordinário que empregamos correntemente.

também que, ao longo do tempo, em determinadas épocas, porções desse saber são gradativamente divulgadas e concedidas às pessoas em geral (quando honestamente predispostas e suficientemente preparadas para tanto), ou seja, gotas dessa sabedoria são vertidas em prol de toda a humanidade, em um processo de dosada e criteriosa exoterização (desvelamento) daquilo que é esotérico. A expressão *Ísis Desvelada* (título da primeira obra de B) é perfeitamente aplicável aqui.

Em consonância com isso, B criou uma instituição oficial não exatamente nos moldes das Ordens seculares ou milenares fechadas, como aquelas dos *Templários*, dos *Rosacruzes*, dos *Maçons*, da *Grande Fraternidade Branca* e de outras não antigas, como a *Golden Dawn*, mas relativamente aberta, semelhante à *Society for Psychical Research* londrina, na qual viria a exercer, além da função formal de "secretária correspondente", uma efetiva função de diretora e supervisora (ainda que normalmente não presencial) a se somar, naturalmente, à de mestra (*guru*) na orientação espiritual dos afiliados e membros da Sociedade.

Simultaneamente B prosseguia em seus estudos e práticas junto aos Mestres ocultos, detentores de um saber antigo relativo às forças do mundo invisível, aos poderes psíquicos e metapsíquicos do ser humano e às metas da humanidade.

Dentro desse paralelismo de atividades, B redigiu quatro livros que encerram doutrinas que, segundo ela, não eram suas, mas provenientes de Mestres ocultos, para os quais ela atuava como veículo e instrumento.

Doutrinas

As doutrinas de B para a *Sociedade Teosófica* estão contidas essencialmente nas suas duas obras mais extensas: *Ísis Desvelada* e *A Doutrina Secreta*. Na esteira dos ocultistas do passado, B bebe na fonte comum dos ensinamentos esotéricos que surgiram no antigo Egito (que têm afinidade e até se identificam em certos aspectos com aqueles dos antigos hebreus) e na Índia. Evidentemente, esses ensinamentos receberam as roupagens culturais mais diversas, quer na sua expressão simultânea, quer à medida que transitavam pelo mundo afora no decorrer de milênios. Estão presentes de formas diferentes tanto nos livros propriamente esotéricos quanto nos Livros Sagrados dos povos civilizados de todo o orbe, e podem ser observadas, inclusive, claras semelhanças e pontos comuns entre eles e o saber de povos primitivos (desde os povos da Sibéria xamânica até os povos pré-colombianos da América). As traduções culturais, insistimos, são as mais díspares.

Esses ensinamentos, atribuídos a figuras bastante heterogêneas, históricas ou míticas e lendárias, humanas ou divinas, ou até mistas, que desafiam e abalam nosso racionalismo, como Hermes Trismegisto, Zoroastro, Moisés, Orfeu, Jesus Cristo, Krishna e Sidarta Gautama (o *Buda*), estão presentes na sua íntegra nos textos esotéricos e, fragmentária e alegoricamente, nos textos exotéricos religiosos. Nesse contexto, convém lembrar, segundo o que pensamos, que aquilo que é esotérico em uma era pode passar a ser exotérico (em um processo lento e gradativo) em uma era posterior. O que é estritamente reservado a uma elite de Iniciadores e Iniciados (esotérico) não é imutável e perenemente vedado ao domínio religioso de uma multidão de pessoas ordinárias (exotérico). Como o profano pode atingir o sagrado, este acaba por ser, no desenrolar de muito tempo, acessível ao profano. Em síntese, entendemos que o esotérico (interior) e o exotérico (exteriorizável) não são estacionários e incomunicáveis, como já abordamos na seção *Esoterismo e exoterismo*.

Esses ensinamentos figuram em escritos tão distintos e supostamente incompatíveis como um tratado de magia medieval e o *Gênesis* do Antigo Testamento judaico (primeiro Livro da *Torah* hebraica).

Assim, na estruturação da espinha dorsal da teosofia, B haure eclética e copiosamente das mais variadas manifestações do esoterismo primordial, assimilando e incorporando elementos dos mitos egípcios, do hermetismo, dos mitos gregos, da *Cabala*, do platonismo, do neoplatonismo, da magia, dos ritos maçônicos, do espiritualismo moderno etc. Contudo, por uma questão, acreditamos, de empatia e também a título de metodologia, na sua construção de uma nova síntese doutrinária do saber oculto, ela se apoia na tradição indiana primeiramente hinduísta e posteriormente budista. Está claro, porém, que embora pessoalmente B se declarasse budista, a formação das doutrinas teosóficas não é produto exclusivo do budismo.[29]

No que se refere especificamente ao conteúdo doutrinário da teosofia, sua dimensão multicultural prepondera, de modo a podermos afirmar, com base em B, que todas as religiões convencionais e institucionais provêm de um manancial oculto único e comum, e podem ser revertidas a uma só religião universal e comum a todos os povos. Se substituirmos o termo *religião*[30] por algo como *conhecimento e prática de espiritualidade e psiquismo humanos*, faremos uma ideia razoável e satisfatória do propósito de B e da Sociedade Teosófica.

B inicia por uma cosmogonia (criação ou gênese do universo). Antes da formação do universo, tudo o que existia era um princípio de natureza *divina*. O divino aqui não deve nos remeter – nós ocidentais, herdeiros de uma

29. Ver *A Chave para a Teosofia*, seção I, "Teosofia e a Sociedade Teosófica": *Teosofia não é budismo*.

30. Que podemos, grosso modo, definir como: conjunto de crenças naquilo que é transcendente à matéria, espiritual, fundadas em dogmas estabelecidos por autoridades eclesiásticas.

tradição religiosa judaico-cristã – a Deus concebido como um Espírito Supremo único, pessoal e transcendente, quando a concepção de B (extraída do hinduísmo) filia-se ao panteísmo, ou seja, à noção de uma Energia impessoal imanente que, permeando o universo, identifica-se com ele mesmo; todos os seres (inanimados e animados) são centelhas dessa energia universal absoluta, que, tendo no tempo dela se desintegrado, com o tempo a ela se reintegrarão. B descreve esse processo da seguinte maneira: essa energia universal absoluta nos primórdios cindiu-se em *sete* raios dotados de inteligência, os *Dhyan Chohans*, que, por sua vez, formaram o universo, isto é, o cosmos – universo regido por leis imutáveis e infinitamente sábias (inteligentes) incompatíveis com o caos e a anarquia.

Nota-se de chofre, no âmbito daquela ideia da fonte comum das verdades ocultas do esoterismo, os elementos análogos que nos remetem à *Cabala*, isto é, os *Elohim* ("deuses") do *Gênesis* (*Bereshit*), emanações de *Ain-Soph*[31] criando o Céu e a Terra,[32] isto evidentemente realizando uma leitura hermenêutica (interpretativa) do *Gênesis*, e não uma leitura literal ingênua, que nos manteria reféns de uma compreensão religiosa superficial, na dependência dos dogmas impostos. O desvelamento do exterior dá acesso ao interior.

A Terra, em particular, foi constituída em *sete* etapas, cada uma destas sendo empregada no projeto e na criação de distintos seres animados, incluindo o ser humano. A analogia com o *Gênesis* é aqui ainda mais facilmente detectável.

Essa teoria cosmogônica é sucedida por outra de cunho antropológico que se respalda no conceito de *raças-raízes* (em número de *sete*) e sub-raças (igualmente em número de *sete*). Nós nos restringiremos às raças-raízes. Essa antropologia ocultista entra na esfera da pré-história humana (precariamente conhecida pela antropologia científica moderna materialista) e naquela da história da humanidade.

A primeira individualização, na primeira raça-raiz, resultou em criaturas humanas dotadas de uma constituição puramente espiritual; idem no que toca à segunda raça-raiz, aquela chamada a dos *hiperbóreos;* na terceira (a dos *lemurianos*), já teria surgido alguma materialização, com uma formação de indivíduos detentores de certa configuração *física* e andróginos; é na quarta raça-raiz (a dos *atlantes*) que se desenvolve a corporeidade física e a ruptura da androginia, aparecendo o sexo masculino e o feminino; é também durante a vivência dessa humanidade na Terra que ocorre a intervenção de seres superiores oriundos de outros planetas. Nesse contexto, B salienta o fato de, a despeito da corporificação física, os atlantes terem criado, desen-

---

31. O Absoluto, o Ilimitado, o "Ancião dos Dias".

32. Nossa alusão é ao primeiro Livro da *Torah*, que corresponde, a utilizarmos a nomenclatura grega profana, ao primeiro do conjunto de cinco Livros do Antigo Testamento da Bíblia atribuídos a Moisés, ou seja, o *Pentateuco*.

volvido e promovido uma esplêndida civilização que reunia (o que para nós soa fantástico e inconciliável) a aquisição e a posse de faculdades psíquicas extraordinárias (telepatia, clarividência, telecinese, projeção astral, entre outras) por parte dos indivíduos e a conquista de avançada tecnologia por parte da sociedade;[33] em contrapartida, é igualmente no périplo dessa humanidade prodigiosa, embora o tenha sido tardiamente, que, devido ao franco declínio moral e espiritual (possível gênese do egoísmo, do desamor, da soberba, da ganância e dos excessos sexuais), a Atlântida desapareceu tragada pelo oceano[34] e, com ela, esse paradigma magnífico de humanidade. B, entretanto, afirma que sobreviventes da Atlântida viriam a fundar comunidades em outras regiões do globo, por exemplo no antigo Egito.

A quinta raça-raiz (que perdura até nossos dias) é a dos *arianos,* com gerações de seres humanos como nós, dotados de elevado grau de materialidade, tíbia espiritualidade, que vivem sob a predominância de interesses mundanos e limitações aos cinco sentidos ordinários, e possuidores de psiquismo irrisório (embora latente e passível de desenvolvimento).

B, todavia, crê que essa quinta raça-raiz será superada e sucedida por uma sexta, anunciada por Maitreya.[35] É, sobretudo, nessa expectativa que parece se inserir o trabalho de B. Parece-nos se tratar do paradoxo da renovação por meio do antigo.

A transição final seria para a sétima raça-raiz, completando, entendemos nós, a odisseia da humanidade pela Terra.

A doutrina espiritualista contemplada inicialmente por B concebia o ser humano como composto por três elementos: o corpo físico (tridimensional e visível), o corpo astral (sutil e invisível) e a centelha divina (relativa, individualizada, desprendida da energia universal absoluta). Mais tarde B adotou pura e simplesmente a mais complexa concepção setenária do misticismo indiano: corpo físico (*rupa* ou *sthula-sharira*), corpo etérico (*prana* ou princípio vital), corpo astral (*linga sharira* ou *kama-rupa*), corpo mental (*manas* inferior), corpo crístico santo (*manas* superior), corpo causal (*buddhi*) e corpo da divina presença (*atma*). Quanto à reencarnação, B também acabou por adotar essencialmente a concepção presente no hinduísmo e no budismo,[36] melhor traduzida pelo termo de origem grega *metempsicose*[37]. O *samsara*

33. Há visíveis resquícios disso ainda na antiga civilização egípcia, na qual ciências e artes, para nós tão díspares como a astronomia e a astrologia, as matemáticas e a magia, a medicina e a arte do embalsamamento, na qual médicos eram sacerdotes e sacerdotes eram médicos, eram ensinadas par a par.

34. Tópico ventilado por Platão em seu diálogo inacabado *Crítias*.

35. O próximo *Buda* (*Iluminado*) a surgir, depois de Sidarta Gautama, no século VI a.C.

36. *Samsara*, a roda ou o ciclo de existências marcadas por nascimentos e mortes.

37. *Metempsykhosis*, transmigração da alma de um corpo para outro.

está necessariamente associado ao *karma*[38], lei cósmica do ajuste e reajuste (análoga à lei de ação e reação ou causa e efeito atuante no mundo físico) de nossas ações pretéritas e presentes.[39]

No tocante às grandes religiões ocidentais institucionais (naquela intercomunicação entre o esotérico e o exotérico) como o judaísmo, o Islã e, sobretudo, o cristianismo, B se mostrou restritiva e crítica do ponto de vista doutrinário, especialmente em relação ao cristianismo oficial da Igreja Romana,[40] isso embora acolhesse na ST pessoas de qualquer denominação religiosa, e não assumisse uma postura crítica em relação à Igreja Ortodoxa Russa.

Obras

Os escritos de B somam *oficialmente* quatro títulos em língua inglesa[41] e são francamente diversos por força de nítidas características. O primeiro, *Ísis Desvelada*, está centrado na afirmação da existência de um saber oculto antigo e universal, que ao longo do tempo deu origem às inúmeras religiões particulares que conhecemos; essa formidável tese central dá margem a uma ampla gama de consequências. A redação desse volumoso livro foi iniciada em 1875 (em direta conexão com a fundação da ST) e sua publicação é de 1877. Não é uma obra original em mais de um sentido: primeiramente porque B não se considerava conscientemente autora dele, seu conteúdo sendo proveniente de uma espécie de *hiperconsciência* (ou um estado alterado de

---

38. Palavra do sânscrito que significa, literalmente, *ação*; praticamente intraduzível na acepção em pauta, e empregada quase que universalmente.

39. Em termos simples e sumários, deixando de lado o aprofundamento do tema: é indispensável que, após a morte física, voltemos a viver em outros corpos físicos em distintas situações para saldar débitos morais que contraímos devido a ações más, desonestas ou injustas, em síntese, destrutivas, e para, ademais, realizar obras construtivas e positivas a título de compensação. Ocioso afirmar que a insistência em atitudes e atos negativos danosos aos nossos semelhantes e ao mundo em geral ao longo das existências nas quais reencarnamos geram mais *karma*, exigindo obrigatoriamente mais existências para saldá-lo e repará-lo. O *nirvana* (estado celestial de pureza, beatitude e paz) só é alcançado quando nos livramos do ciclo de nascimentos e morte (*samsara*) determinado pelo império do *karma*. Essa libertação abrirá novos horizontes para a manifestação de nosso ser em outros mundos e em outras dimensões isentos dos sofrimentos terrestres. A metempsicose admite, inclusive, no caso de elevado grau de perversidade de nossas ações, a transmigração regressiva de nossas almas para corpos não humanos de animais inferiores. A lei da reencarnação associada ao *karma* está, na verdade, insinuada em vários adágios e expressões populares, como alguns de sabor bucólico: "Quem semeia ventos colhe tempestades", "Você vai colher o que semeou" e "A semeadura é livre, mas a colheita não".

40. Mais exatamente as vertentes católica e protestante do cristianismo.

41. Isso embora certas Editoras, que publicaram um texto intitulado *The Book of Dzyan* ou *The Stanzas of Dzyan* (*O Livro de Dzyan*), indiquem B como sua autora ou coautora.

consciência); em segundo lugar, porque uma considerável porção da obra é constituída por citações geralmente extensas de várias obras de esoterismo e religião, o que viria, inclusive, a ensejar acusações de plágio.[42]

A descomunal *A Doutrina Secreta* (por volta de 1.500 páginas) consumiu mais de vinte anos para ser redigida, vindo à luz somente em outubro de 1888 (primeiro volume) e janeiro de 1889 (segundo volume). Essa obra trata exaustivamente das doutrinas cosmogônica, antropológica e espiritualista adotadas pela ST, às quais nos referimos anteriormente em *Doutrinas*. Mais uma vez vem à baila a questão da originalidade e da autenticidade. Segundo a própria B, esse tratado monumental não passava de um vasto comentário de uma obra original tibetana escrita em *senzar* chamada *The Book of Dzyan*[43].

A terceira obra de B foi escrita pouco antes de sua morte, em 1889. É um texto de proporções usuais (cerca de 300 páginas) constituído por perguntas e respostas, intitulado *A Chave para a Teosofia**; no mesmo ano redigiu *A Voz do Silêncio*, um opúsculo contendo um texto devocional que, segundo B, não passa de uma tradução de algumas porções de uma obra original, também escrita em *senzar*, chamada *O Livro dos Preceitos Áureos* (*The Book of the Golden Precepts*).[44] Ambos foram publicados em 1889.

Os Mestres ocultos

Evidentemente não há espaço neste modesto e despretensioso texto para analisarmos e aprofundarmos a questão dos Mestres ocultos. Assim, nos limitaremos a tecer breves comentários.

B declarou que teve uma visão de Morya na infância para depois, no desenrolar de decênios, revê-lo ocasionalmente em carne e osso, tal como veria seus outros Mestres: Koot Hoomi, Hilarion e Serapis Bey.

Positivamente não eram seres espirituais, espíritos de mortos ou Inteligências superiores de outras esferas ou dimensões. Tampouco eram divindades ou extraterrestres. Nada no feitio do arcanjo Gabriel na Anunciação à Maria[45] ou mesmo transmitindo o *Corão* a Maomé, e muito menos o "Deus" da sarça ardente comunicando os mandamentos a Moisés. Tratava-se de homens que, possuidores de um saber oculto, e do oculto, se mantinham

42. Ver a seção *Críticas*, na sequência.

43. *O Livro de Dzyan*, mais exatamente *The Stanzas of Dzyan*. Ver a seção *Críticas*, na sequência.

*. Obra em tradução pela Mantra, com publicação prevista para 2024. (N.E.)

44. Ver a seção *Críticas*, na sequência.

45. Nomenclatura clássica, alteração de origem greco-romana. Seu nome era Miriam (hebraico).

ocultos. Mas eram, está claro, homens extraordinários, ou melhor, não só conhecedores do oculto, como, por conta de seus esforços e cultivo nesse sentido, detentores de poderes psíquicos e metapsíquicos ignorados e não desenvolvidos pelos seres humanos ordinários, ainda que intelectualmente desenvolvidos. Eram os orientadores de B e, talvez, eles sim, estivessem em contato com Inteligências superiores ou entidades espirituais. Não há dúvida, entretanto, que as faculdades extrassensoriais manifestadas por B foram desenvolvidas com base nas instruções de seus Mestres.

Por outro lado, é equívoco, em nossa opinião, considerar B uma fundadora de uma religião nos moldes que conhecemos, isso apesar da magnitude de sua missão e do seu caráter ecumênico totalmente avesso ao sectarismo.

A Sociedade Teosófica

Anteriormente, em *Atuação de Blavatsky*, já nos referimos à natureza da Sociedade Teosófica[46], igualmente em *Dados Biográficos*, até porque, a partir de 1875 (ano da fundação da ST), a biografia de B se confunde em larga medida com a administração e a evolução da ST. Mas alguns pontos específicos importantes devem ser aqui concisamente apontados.

A palavra *teosofia*, conhecimento do que é divino ou sabedoria daquilo que é divino (grego), remonta ao uso anterior que dela foi feito pelos neoplatônicos, especialmente Amônio Saccas e Plotino, que floresceram no século III.

A divisa do brasão da ST é bastante expressiva e coerente com os propósitos da Sociedade e a "proposta", por assim dizer, de B sob as diretrizes de seus Mestres: *There is no religion higher than truth*[47]. O saber oculto antigo e universal gradativa e criteriosamente desocultado se sobrepõe a qualquer religião que existe. Devemos, é claro, ter aqui em mente de preferência o conceito de religião (já apresentado páginas atrás) que nós ocidentais temos. O brasão da Sociedade é também expressivo, contendo símbolos esotéricos multiculturais,[48] porém que convergem para aquele saber oculto comum e essencialmente idêntico.

Com sede em Nova York, tendo Olcott como presidente, a ST não demorou a estabelecer Lojas no território americano e na Inglaterra (Londres); é

46. Organização relativamente aberta, e não fechada nos moldes das Ordens esotéricas ou iniciáticas. Todavia, cumpre-nos informar que, na Loja estabelecida por B em 1889 na capital inglesa, ela criou um *setor esotérico* de feitio semelhante ao das Ordens, cujo ingresso era facultado exclusivamente àqueles que, se submetendo a certas provas, saíam vitoriosos.

47. "Não há nenhuma religião superior à verdade".

48. No centro, a cruz ansata (*ankh*) circundada pelo hexagrama (*Estrela de Davi*, ou *Selo de Salomão*, ou ainda *Triângulo de Salomão*), que é, por sua vez, circundado pela *serpente Ouroboros*; sobre a extremidade da cauda da serpente, vemos a suástica indiana encimada pela símbolo da Trindade.

relevante frisar que, ao longo do tempo, personalidades ilustres e, inclusive, já famosas e altamente conceituadas, como o cientista e inventor americano Thomas Alva Edison (1847-1931), se tornaram então teosofistas. O advogado indiano Mohandas Gandhi[49] (1869-1948) visitou a Loja Blavatsky de Londres em novembro de 1889 e se tornou membro da ST em março de 1891, cerca de dois meses antes da morte de B. Embora não tenha sido filiado à ST, o conceituado poeta, dramaturgo e ocultista irlandês William Butler Yeats (1865-1939) participou de reuniões da Loja Blavatsky.

Mas a grande expansão da ST, a par de seu êxito nos EUA e na Europa, ocorreu aproximadamente entre 1879 e 1885 na Índia (o que, evidentemente, não se revelou surpreendente, dada a profunda identificação entre as doutrinas esposadas pela ST e o misticismo hindu e budista).

A semente desse fenômeno fora plantada por B e Olcott ao se associarem ao movimento reformista hindu denominado *Arya Samaj*, criado por Swami Dayananda Saraswati. Em 1879, a sede da ST foi transferida para Bombaim (hoje Mumbai).

Em 1885, das 121 Lojas da ST espalhadas pelo mundo, a maioria (106) se localizava na Índia, no Ceilão e na Birmânia (Myanmar). Com a alta complexidade da administração da ST, muitas dessas Lojas acabaram por conquistar alguma autonomia em relação à matriz sediada no bairro de Adyar (Madras, atual Chennai), na Índia.

Esse quadro, a nosso ver lamentável, da insuficiente permeabilidade do Ocidente ao movimento teosófico (quantitativamente do prisma da filiação oficial à ST na qualidade de Sociedade relativamente aberta)[50] parece-nos ter sido amplamente compensado pela sobrevivência da Sociedade (representada ainda hoje em vários países, inclusive no Brasil) e pelo interesse constante e sempre reavivado pelas obras de B (traduzidas para diversas línguas), somado à admiração e mesmo ao fascínio por sua personalidade carismática e polêmica.

Críticas

Nas nossas *Considerações gerais*, abordamos sumariamente e de maneira geral a questão dessa antiga e reiterada ação humana que designamos como *crítica*, depois do que, também de modo conciso e destituído de aprofundamento, nos limitamos à crítica aos ocultistas e, finalmente, tocamos ligeiramente na crítica específica dirigida a B.

---

49. Futuro *Mahatma Gandhi*, líder do movimento de independência da Índia, que a libertou dos britânicos em 1947.

50. Algo facilmente compreensível, se pensarmos que nós, ocidentais, inclusive aqueles que se julgam religiosos (o que geralmente não passa de fachada), somos materialistas e racionalistas.

Seja no que respeita às suas doutrinas esotéricas (no estabelecimento do movimento teosófico moderno[51]), seja no que toca a ela pessoalmente, B foi largamente criticada, infelizmente nem sempre de forma construtiva.

A artilharia pesada de que foi alvo era das mais diversas naturezas.

Primeiramente, com fundamento em declarações da própria B feitas na sua maturidade e velhice no tocante ao seu passado, na ausência de testemunhos de terceiros e de documentação, acusam-na de contradição e incoerência; por exemplo, no que concerne à veracidade de suas primeiras viagens ao Tibete. Até alguns de seus biógrafos se ressentem disso.

Outros criticam-na por apreciar ser objeto das mais variadas atenções e colocar-se como foco dos holofotes, em busca de publicidade, inclusive se fazendo protagonista de eventos que não teriam nunca acontecido, como ter se apresentado ao piano ao lado de Clara Schumann. Houve, inclusive, quem visse no comportamento de B mostras de uma certa misoginia.

Houve e há, igualmente, aqueles que a criticaram por conta de alguns de seus hábitos, tais como fumar muito e se alimentar muito. O próprio fato de B usar muitos anéis nos dedos e, já no início da velhice, trajar-se com roupas folgadas, incomodava certas pessoas.

As críticas mais graves e veementes, contudo, não foram propriamente ao comportamento pessoal de B, mas ao seu posicionamento relativamente às origens e às fontes do seu trabalho, e à autenticidade dos fenômenos extrassensoriais que produzia, bem como àquela de seus escritos. Nesse sentido, muitos são da opinião de que ela inventou a existência de "Mestres ocultos", como Morya e Koot Hoomi. Personalidades ilustres como Carl Gustav Jung (1875-1961) e René Guénon (1886-1951) a criticaram duramente.

Nessa linha de avaliação, uns e outros acusaram-na tanto de charlatanismo, ou seja, de ter recorrido a truques e artifícios forjando fenômenos insólitos (clarividência, telepatia, telecinese etc.) quanto de plágio: no primeiro caso alegam a falta de testemunhos suficientes do genuíno de tais fenômenos; no segundo apontam que, principalmente em sua alentada obra *Ísis Desvelada*, são frequentes as extensas citações de outras obras esotéricas. Paralelamente, há os que simplesmente questionam a existência de *O Livro de Dzyan* (*The Book of Dzyan*) e a de *O Livro dos Preceitos Áureos*, insinuando que foram obras *inventadas* por ela.

De fato, até críticos declaradamente céticos ou materialistas, que simplesmente duvidam ou negam a existência do *oculto*[52] e, consequentemente, expressam completo desprezo pelas "ciências" que dele se ocupam, se deram

---

51. Esse tipo de crítica, segundo B, provinha não tanto dos meios cristãos ou materialistas, mas, sobretudo, do espiritualismo espírita inglês, americano e francês. Mas B se cala quanto aos maiores inimigos da ST. Ver *A Chave para a Teosofia*, seção XIII, "Sobre os mal entendidos a respeito da Sociedade Teosófica": *Por que, então, há tanto preconceito quanto à Sociedade Teosófica?*.

52. Ou seja, de um plano ou dimensão distinto do físico e tridimensional.

o direito de apontar para B com o intuito de afirmar que o ocultismo necessita de truques e fraudes para chamar a atenção das pessoas.

No terreno político, embora B jamais tenha sido ostensivamente uma ativista política, ela foi acusada de ser espiã russa pelos britânicos; por outro lado, houve quem a apontasse como uma influência indireta em favor do nazismo.

Nossa singela opinião, que não tem nenhuma intenção ou pretensão de caráter acadêmico ou erudito, e que não é nem a de um crítico ferrenho nem a de um teosofista, mas porque desconfiamos de algo que se chamaria de "posição neutra", é favorável a B, e nos dispomos modestamente a defendê-la.

Em primeiro lugar, é preciso compreender que B, ainda que uma pessoa incomum, era apenas um ser humano com suas deficiências, contradições e limitações; com efeito, a despeito de seus poderes extraordinários, nunca se identificou como um ser sobre-humano ou transcendente, ou misto de mulher e divindade, embora se julgasse veículo e instrumento de Mestres ocultos e anunciadora de uma mensagem para a humanidade; por outro lado, jamais se apresentou como uma *asceta* nos moldes do misticismo oriental e, muito menos, como uma *santa* nos moldes das religiões ocidentais. Longe dela, ainda que lhe creditemos qualidades morais das quais era possuidora (como lealdade e generosidade), se arvorar modelo de virtude.

Portanto, as críticas ao seu tabagismo, à sua pretensa glutonice e mesmo à sua vaidade pessoal e eventuais balelas e exageros de sua parte não fazem o menor sentido. O incômodo diante de seus anéis e de seu modo de se vestir exibindo excentricidade é, no mínimo, fútil, pelo mero fato de B ser alguém invulgar e precisamente excêntrica diante dos padrões ocidentais europeus.

A assertiva crítica de uma certa misoginia nos parece uma avaliação profundamente falha, mas talvez compreensível em vista da própria personalidade de B. De fato, seu comportamento, especialmente entre os membros da classe social superior e da elite, ainda que decente e condigno, estava bem longe de ser o de uma típica dama polida, afetada e elegante que circulasse nos salões da alta sociedade. B era irreverente e franca com pessoas de ambos os sexos, por vezes julgada até indelicada por conta de suas observações cruas e diretas que excluiam servilismo, hipocrisia ou bajulação com figuras abastadas, poderosas e detentoras de grandes títulos. Decerto não admirava a conduta arrogante, frívola e insensível com os menos afortunados das imponentes damas da sociedade. Devia, inclusive, tolerar com dificuldade a dúbia inteligência dessas mulheres, e lamentar a condição precária de tantas mulheres pobres e trabalhadoras. Apontá-la, porém, como misógina é um sumo equívoco, quando ao longo de sua vida e trajetória conviveu amistosa e estreitamente com tantas mulheres brilhantes, como Mabel Collins e Annie Besant, sua sucessora na Loja Blavatsky.

No que toca aos seus Mestres ocultos, não há, de fato, como apresentar provas empíricas irrefutáveis de sua existência e presença, o que afinal seria descabido, já que eram Mestres *ocultos*. Todavia, também não há como reunirmos provas de tal natureza do contrário! Filiamo-nos ao agnosticismo. Em toda a história das religiões, do misticismo e do esoterismo ocorre o mesmo. Um exemplo estupendo disso é o fato de haver pessoas até os dias atuais que questionam a própria existência de Jesus Cristo, que não foi um Mestre *oculto*, mas bastante ostensivo; essa dúvida, diga-se de passagem, em nada afetou sua colossal importância para milhões de seres humanos. Outro exemplo menos retumbante, porém não destituído de relevância e mais específico, é o de Allan Kardec, que contribuíra para o início da trajetória espiritualista de B.

Kardec[53], que começara por empreender a investigação do fenômeno das *mesas girantes*, publicou em 1857 *O Livro dos Espíritos*, afirmando que o conteúdo do livro (bem como dos demais que se seguiram) não era sua criação original, mas produto da comunicação com Espíritos dos mortos (entre eles alguns famosos em vida, como Sócrates e Fénelon). Kardec sempre deixou claro que ele fora apenas o codificador do espiritismo. Como B, foi objeto de duras críticas e de acirrada perseguição, tanto por parte de setores do racionalismo científico quanto por parte de setores das instituições religiosas. Necessário frisarmos, inclusive, que a expressão *Mestres espirituais* não nos parece aplicável no caso de B, mas tão só *Mestres ocultos*.

A crítica dos céticos ou materialistas a B, tomando-a como exemplo do recurso, por parte dos ocultistas, a truques e embustes para atrair a atenção do público, é pura e simplesmente descabida, porque, como já sugerimos, se põem em dúvida ou negam a existência do oculto, e ignoram radicalmente as "ciências ocultas", sua crítica cai no vazio e sequer deveria ser feita. Seria algo semelhante a indagar de um ateu convicto qual é a concepção adotada por ele da Divindade.

Por outro lado, não é de se estranhar que o Império Britânico tenha suspeitado que B fosse uma espiã, uma vez que a guerra da Crimeia envolvendo os britânicos contra os russos fora um fato;[54] no que respeita à sua estreita confraternização com os indianos, também não é de se estranhar que incomodasse tanto os britânicos imperialistas quanto os missionários cristãos. Mas, como já dissemos, B não estava focada em nenhum ativismo político. No que concerne a alguma possível influência indireta a favor da ideologia nacional socialista por meio da ariosofia, não há como responsabilizá-la

53. Nome de batismo: Hippolyte Léon Denizard Rivail (1804-1869), formado em Ciências e Letras, pedagogo e professor de ciências, poliglota. Foi contemporâneo de B.

54. A Guerra da Crimeia ocorreu entre 1853 e 1856, e foi travada entre o Império russo tsarista e uma confederação constituída pelo Império britânico, a França, o Império turco otomano e o reino da Sardenha.

pessoalmente por isso, até porque a doutrina das raças-raiz, culminando no século XIX na ariana, não foi concepção original sua.

Quanto à acusação de plágio, e já tocamos nesse assunto, na medida em que B hauriu da fonte comum do saber oculto, assimilando e incorporando em sua obra elementos esotéricos igualmente comuns (embora extraídos de diversos registros culturais), seria simplesmente impossível produzir obras literárias inteiramente originais, até porque não se tratava de obras de ficção. Suas citações, por exemplo, de Livros Sagrados (vamos supor que dos *Upanishads,* do *Bhagavad Gita* ou da *Torah*), de tratados medievais de magia e de vários textos do esoterismo em domínio público não caracterizam plágio, o qual só ocorreria se suas citações fossem feitas *verbatim* de obras detentoras de *copyright,* sem autorização dos editores e indicação dos créditos dos autores; sendo este o caso, B estaria certamente incorrendo em plágio.

O questionamento a respeito da existência de *O Livro dos Preceitos Áureos* nos parece justificável, uma vez que aparentemente não o vemos presente em nenhum catálogo editorial comercial, e, possivelmente, no acervo de nenhuma biblioteca pública ou particular de obras de religião, ocultismo ou esoterismo. Entretanto, nem todo livro é *comercialmente publicado,* o que poderia perfeitamente acontecer no que se refere a um tratado esotérico oriundo de um mosteiro tibetano, que é precisamente o caso desse livro. Há obviamente obras dessa natureza que são para consulta e estudo exclusivos dos monges e, portanto, não são publicadas comercialmente. Nesse sentido, basta atentar para o que diz B no prefácio de *A Voz do Silêncio,* ou seja, que traduziu fragmentos de *O Livro dos Preceitos Áureos* que *havia retido de memória.* Quanto a *O Livro de Dzyan,* há editoras que publicaram uma obra com este título, inclusive indicando B como sua autora ou coautora.

O fato é que, apesar dessa larga variedade de críticas, todos, incluindo muitos de seus críticos, consideram B a figura mais importante e influente do ocultismo do século XIX.

Registramos aqui calorosos agradecimentos à Prof. Nilda de Souza Machado pelo seu estímulo, apoio e preciosas sugestões, que muito contribuíram para a realização deste texto.

Edson Bini

A VOZ DO SILÊNCIO

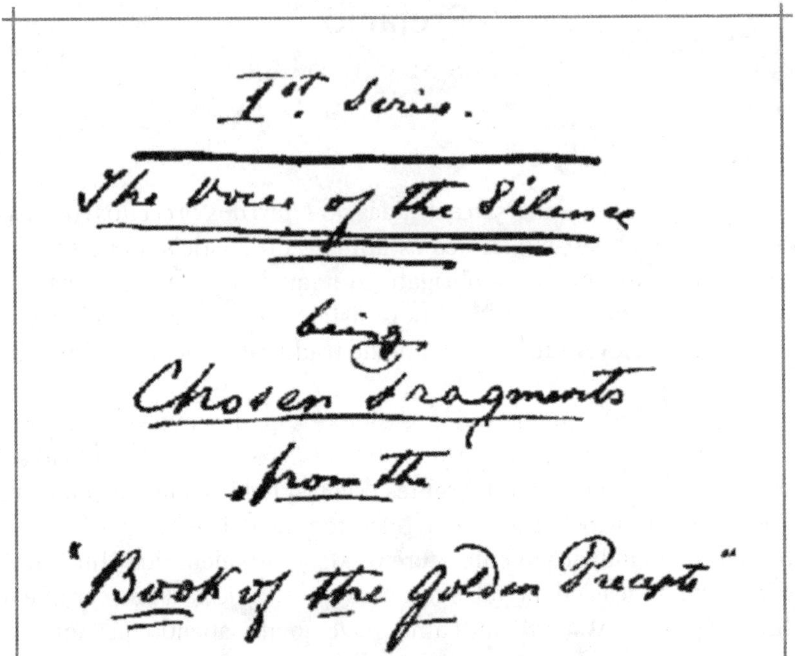

1st Series.

The Voice of the Silence

being

Chosen Fragments

from the

"Book of the Golden Precepts"

For the daily use of Lanoos

(disciples)

translated & annotated

by

"H. P. B."

Reprodução da folha de rosto original de *A voz do silêncio*, manuscrita por H. P. Blavatsky.

Fonte: The Singapore Lodge Theosophical Society.
Disponível em: www.singaporelodge.org/2014_april_news.htm. Acesso em: 2 out. 2020.

Prefácio
(da tradução para o inglês)

As páginas seguintes são extraídas do *Livro dos Preceitos Áureos*, uma das obras dadas a ler aos estudiosos do misticismo no Oriente. O seu conhecimento é obrigatório naquela escola cujos ensinamentos são aceitos por muitos teosofistas. Por isso, como sei de cor muitos desses preceitos, o trabalho de traduzi-los foi para mim uma fácil tarefa.

É bem sabido que na Índia os métodos de desenvolvimento psíquico divergem segundo os Gurus (professores ou mestres), não só porque eles pertencem a diferentes escolas de filosofia, das quais há seis, mas também porque cada Guru tem seu sistema, que em geral mantém cuidadosamente secreto. Mas para além dos Himalaias não há diferenças de métodos nas escolas esotéricas, a não ser que o Guru seja simplesmente um Lama, pouco mais sabendo que aqueles a quem ensina.

A obra, de onde são os trechos que traduzo, forma parte da mesma série de onde são tiradas as estrofes de *O Livro de Dzyan*, em que *A Doutrina Secreta* se baseia. Juntamente com a grande obra mística chamada *Paramartha*, a qual, segundo nos diz a lenda de *Nagarjuna*, foi ditada ao grande Arhat pelos Nagas ou serpentes — nome dado aos antigos iniciados —, o *Livro dos Preceitos Áureos* invoca a mesma origem. As suas máximas e conceitos, porém, por nobres e originais que sejam, encontram-se muitas vezes, sob formas diversas, em obras sânscritas, tais como o *Jnaneshwari**, esse soberbo tratado místico em que Krishna descreve a Arjuna, em cores brilhantes, a condição de um iogue plenamente iluminado; e ainda em certos Upanishads. Isto, afinal, é naturalíssimo, visto que quase todos, senão todos, os maiores Arhats, os primeiros seguidores do Gautama Buda, foram hindus e árias, e não mongóis, sobretudo aqueles que emigraram para o Tibete. As obras deixadas só por Aryâsanga são, só por si, numerosíssimas.

Os *preceitos* originais estão gravados sobre oblongos delgados; as cópias, muitas vezes sobre discos. Esses discos ou chapas são ge-

---

*. O *Jnaneshwari*, tal qual hoje se conhece, está escrito em maharashtra (maratri), e consiste do *Bhagavad Gita* e de um comentário sobre este. (N.T.)

ralmente conservados nos altares dos templos ligados aos centros onde estão estabelecidas as chamadas escolas "contemplativas" ou Mahayana (Yogachara). Estão escritos de diversas maneiras, às vezes no idioma do Tibete, mas principalmente em ideógrafos. A língua sacerdotal (senzar), além de por um alfabeto seu, pode ser traduzida em várias maneiras de escrita em caracteres cifrados, que têm mais de ideogramas do que de sílabas. Um outro método (*lug*, em tibetano) é o de empregar os números e as cores, cada um dos quais corresponde a uma letra do alfabeto tibetano (trinta letras simples e setenta e quatro compostas), formando assim um alfabeto criptográfico completo. Quando se empregam os ideógrafos há uma maneira certa de ler o texto; como, neste caso, os símbolos e os sinais usados na astrologia, a saber, os doze animais zodiacais e as sete cores primárias, cada uma tripla em seu matiz (claro, primário e escuro), representam as trinta e três letras do alfabeto simples, formando palavras e orações. Porque neste método os doze animais, cinco vezes repetidos e juntos aos cinco elementos e às sete cores, compõem um alfabeto completo de sessenta letras sagradas e doze signos. Um signo posto no princípio de um parágrafo indica se o leitor o tem de soletrar segundo o modo indiano (em que cada palavra é apenas uma adaptação sânscrita), ou segundo o princípio chinês de ler os ideógrafos. O modo mais fácil é, porém, aquele que não deixa o leitor empregar *qualquer* língua especial, ou a que quiser, visto que os sinais e os símbolos eram, como os números ou algarismos árabes, propriedade comum e internacional entre os místicos iniciados e os seus seguidores. A mesma peculiaridade é característica de uma das maneiras chinesas de escrever, que pode ser lida com igual facilidade por qualquer pessoa conhecedora dos caracteres: por exemplo, um japonês pode lê-la na sua língua tão prontamente como um chinês na sua.

O *Livro dos Preceitos Áureos* – alguns dos quais são pré-budísticos, ao passo que outros pertencem a uma época posterior — contém uns cinquenta pequenos tratados distintos. Desses, aprendi de cor, há muitos anos, trinta e nove. Para traduzir os outros, teria de me referir a apontamentos dispersos entre um número de papéis e notas, representando um estudo de vinte anos e nunca postos em ordem, demasiado grande para que a tarefa fosse fácil. Nem poderiam eles ser, todos, traduzidos e dados a um mundo demasiado egoísta e atado aos objetos dos sentidos para que pudesse estar preparado a receber com a devida atitude do espírito uma moral tão elevada. Porque, a não ser que um homem se entregue perseverantemente ao culto do conhecimento de si próprio, nunca poderá de bom grado dar ouvidos a conselhos dessa natureza.

E, contudo, essa moral enche tomos e tomos da literatura oriental, sobretudo nos Upanishads. "Mata todo o desejo de viver", diz Krishna a Arjuna. Esse desejo mora apenas no corpo, veículo do ser encarnado, e não na própria INDIVIDUALIDADE, que é "eterna, indestrutível, que não mata nem é morta" (*Kathopanishad*). "Mata a sensação", ensina o *Sutta Nipata*; "olha do mesmo modo para o prazer e para a dor, para o ganho e para a perda, para a vitória e para a derrota". E, ainda, "busca abrigo só no eterno" (*Ibid.*). "Destrói o sentido da existência separada", repete Krishna de variadas maneiras. "O espírito (*Manas*) que segue os sentidos vagabundos torna a alma (*Buddhi*) tão inerte como o barco que o vento arrasta sobre as águas" (*Bhagavad Gita*, II, 67).

Por isso se julgou melhor fazer uma escolha judiciosa só entre aqueles tratados que mais sirvam aos poucos verdadeiros místicos que há na Sociedade Teosófica, e que com certeza se ajustem às suas necessidades. Só esses compreenderão estas palavras de Krishna-Christos, a Personalidade Superior:

> Sábios, não choreis nem pelos vivos nem pelos mortos. Nunca deixei de existir, nem vós, nem estes reis dos homens; nem no futuro deixará qualquer de nós de existir (*Bhagavad Gita*, II, 11-12).

Nesta tradução esforcei-me por conservar a beleza poética da expressão e das imagens, que caracteriza o original. Compete ao leitor avaliar até que ponto o consegui.

1889.

H. P. B.

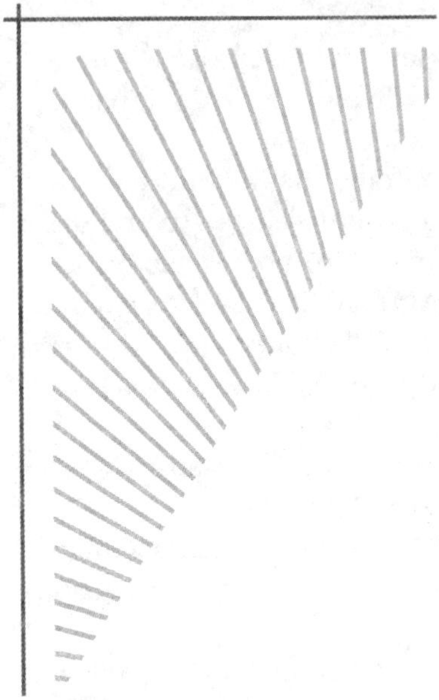

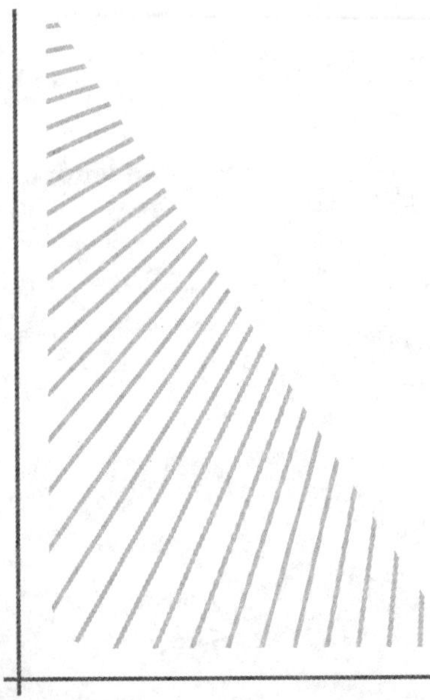

Dedicada aos Poucos.

Retrato de H. P. Blavatsky: sua fotografia mais conhecida, produzida e assinada pelo artista e fotógrafo italiano Enrico Resta, em seu estúdio em Londres, em 8 de janeiro de 1889.

Fonte: The Theosophical Society in America, *Theosophical Encyclopedia: Theosophy Wiki*. Disponível em: www.theosophy.wiki/w/images/8/8a/Resta_Sphinx_portrait.jpg. Acesso em: 2 out. 2020.

PRIMEIRO FRAGMENTO

A voz do silêncio

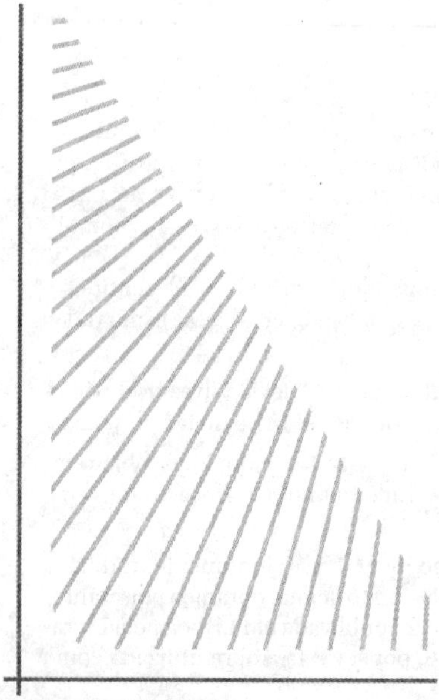

1 ESTAS instruções são para aqueles que não conhecem os perigos dos IDDHI inferiores.[1]

2 Aquele que quiser ouvir a voz de *Nada*,[2] o Som sem som, e compreendê-la, terá que aprender a natureza do *Dharana*.[3]

3 Tendo-se tornado indiferente aos objetos da percepção, deve o aluno procurar o *Raja* dos sentidos, o produtor de pensamentos, aquele que acorda a ilusão.

4 O espírito é o grande assassino do Real.*

5 Que o discípulo mate o assassino.

Porque 6 quando para si mesmo a sua própria forma parecer irreal,
como o parecem, ao acordar, todas as formas que ele vê em sonhos;
7 quando deixar de ouvir os muitos, poderá divisar o UM — o som
interior que mata o exterior.

8 Então, e só então, abandonará ele a região de *Asat*, o falso, para chegar ao reino de *Sat*, o verdadeiro.

9 Antes que a Alma possa ver, deve ser conseguida a harmonia interior, e os olhos da carne tornados cegos a toda ilusão.

---

1. A palavra páli *Iddhi* equivale ao *Siddhis* sânscrito, as faculdades "psíquicas", os poderes anormais do homem. Há duas espécies de *Siddhis* — um grupo que compreende as energias inferiores, grosseiras, "psíquicas" e mentais, ao passo que o outro exige o mais alto cultivo das capacidades espirituais. Diz Krishna no *Shrimad Bhagavaṭ*:

   "Aquele que está ocupado na execução do Ioga, que venceu os seus sentidos e concentrou o seu espírito em mim (*Krishna*) — a tais iogues como esse estão todos os *Siddhis* prontos a servir".

2. A "voz sem som", ou a "voz do silêncio". *Literalmente*, isto devia talvez traduzir-se "voz no *som espiritual*", visto que *Nada* é o equivalente sânscrito do termo *senzar*.

3. *Dharana* é a concentração intensa e perfeita do espírito sobre qualquer objeto interior, acompanhada da abstração completa de tudo quanto pertença ao universo exterior, ou mundo dos sentidos.

*. No original: "The Mind is the great slayer of the Real", frase comumente traduzida como "A Mente é a grande assassina do Real". No texto acima, optamos por manter a versão apresentada por Fernando Pessoa, que foi publicada em Lisboa pela Livraria Clássica Editora, de A. M. Teixeira, em 1916, por ser esta a obra utilizada como base para a presente edição. (N.E.)

10 Antes que a Alma possa ouvir, a imagem (o homem) tem de se tornar surda aos rugidos como aos segredos, aos gritos dos elefantes em fúria como ao sussurro prateado do pirilampo de ouro.

11 Antes que a Alma possa compreender e recordar, ela deve primeiro unir-se ao Falador Silencioso, como a forma que é dada ao barro se uniu primeiro ao espírito do escultor.

12 Porque então a Alma ouvirá e poderá se recordar.

13 E então ao ouvido interior falará

A voz do silêncio,

e dirá:

14 Se a tua Alma sorri ao banhar-se ao sol da tua vida; se a tua Alma canta dentro da sua crisálida de carne e de matéria; se a tua Alma chora dentro do seu castelo de ilusão; se a tua Alma se esforça por quebrar o fio de prata que a liga ao MESTRE;[4] sabe, ó discípulo, que a tua Alma é da terra.

15 Quando ao tumulto do mundo a tua Alma[5] que desabrocha dá ouvidos; quando à voz clamorosa da grande ilusão[6] a tua Alma responde; quando se assusta ao ver as lágrimas quentes de dor, quando a ensurdecem os gemidos de angústia, quando a Alma se retira, como a tartaruga tímida, para dentro da concha da PERSONALIDADE, sabe, ó discípulo, que do seu Deus silencioso a tua Alma é um sacrário indigno.

16 Quando, mais forte já, a tua Alma vai saindo do seu retiro seguro; quando, deixando o sacrário protetor, estende o seu fio de prata e avança; quando, ao contemplar a sua imagem nas ondas do espaço, ela murmura "Isto sou eu" — declara, ó discípulo, que a tua Alma está presa nas teias da ilusão.[7]

---

4. O "grande Mestre" é o termo que os chelas empregam para designar a Personalidade Superior. Equivale ao *Avalokiteshvara*, e é o mesmo que o *Adi-Buda* dos ocultistas do budismo, que o ATMA dos brâmanes, e que o CHRISTOS dos antigos gnósticos.

5. "Alma" é aqui empregado para designar o *Eu* ou *Manas humano*, a que na nossa oculta divisão setenária se chama a Alma humana [(vide *A Doutrina Secreta*)], para a distinguir das Almas espirituais e animais.

6. *Maha-Maya*, a grande ilusão, o universo objetivo.

7. *Sakkaya-ditthi*, a ilusão da personalidade.

17 Esta terra, discípulo, é a sala da tristeza, onde existem, pelo caminho das duras provações, armadilhas para prender o teu EU na ilusão chamada "a grande heresia".[8]

18 Esta terra, ó discípulo ignaro, não é senão a triste entrada para aquele crepúsculo que precede o vale da verdadeira luz — essa luz que nenhum vento pode apagar, e que arde sem óleo nem pavio.

19 Diz a grande Lei: "Para te tornares o CONHECEDOR da PERSONALIDADE TOTAL,[9] tens primeiro que conhecer a PERSONALIDADE". Para chegares ao conhecimento dessa PERSONALIDADE, tens de abandonar a *personalidade* à não personalidade, o ser ao não ser, e poderás então repousar entre as asas da GRANDE AVE. Sim, suave é o descanso entre as asas daquilo que não nasce, nem morre, mas é o AUM[10] através de eras eternas.[11]

20 Cavalga a Ave da Vida, se queres saber.[12]

21 Abandona a tua vida, se queres viver.[13]

22 Três salas, ó cansado peregrino, conduzem ao fim dos trabalhos. Três salas, ó conquistador de Mara, te trarão através de três estados[14] até o quarto,[15] e daí até os sete mundos,[16] os mundos do descanso eterno.

---

8. *Attavada*, a heresia da crença na Alma, ou, antes, na separação da Alma ou *Personalidade* do SER universal uno e infinito.

9. O *Tattvajnani* é o conhecedor ou discriminador dos princípios na natureza e no homem; e *Atmajnani* é o conhecedor de ATMA, ou da PERSONALIDADE ÚNICA universal.

10. *Kaa Hamsa*, a ave ou o cisne. Diz o *Nadabindupanishad* (Rig Veda) traduzido pela *Sociedade Teosófica de Kumbakonam* — "Considera-se a sílaba A como a asa direita da ave Hamsa; U, a asa esquerda; M, a cauda; e o Ardhamatra (meio metro) diz-se ser a sua cabeça".

11. A eternidade tem para os orientais um sentido diverso do que tem para nós. Representa em geral os 100 anos, ou idade de Brahma, a duração de um Maha-Kalpa, ou seja, um período de 311.040.000.000.000 anos.

12. Diz o citado *Nadabindu*: "Um iogue que cavalga o Hamsa (*assim contempla sobre o Aum*) não é afetado por influências cármicas ou efeitos de pecados".

13. Abandona a vida da *personalidade* física se queres viver em Espírito.

14. Os três estados de consciência, que são: *Jagrat*, o de vigília; *Svapna*, o de sonho; e *Sushupti*, o estado de sono profundo. Essas três condições *iogues* conduzem ao quarto, que é _ [*. A autora dá continuidade ao pensamento na nota a seguir. (N.E.)]

15. [_] o *Turiya*, o que está além do estado de sono sem sonhos, um estado de uma alta consciência espiritual.

16. Alguns místicos orientais indicam sete planos de ser, os sete *Lokas* ou mundos espirituais dentro do corpo de *Kala Hamsa*. O cisne fora do tempo e do es-

23 Se queres saber os seus nomes, escuta-os e aprende-os.

24 O nome da primeira sala é IGNORÂNCIA – *Avidya*.

25 É a sala em que viste a luz, em que vives e hás de morrer.[17]

26 O nome da segunda sala é Sala da Aprendizagem.[♦] Nela a tua Alma encontrará as flores da vida, mas debaixo de cada flor, uma serpente enrolada.[18]

27 O nome da terceira sala é Sabedoria, para além da qual se estende o mar sem praias de AKSHARA, a fonte indestrutível da onisciência.[19]

28 Se queres atravessar seguramente a primeira sala, que o teu espírito não tome os fogos da luxúria que ali ardem pela luz do sol da vida.

29 Se queres atravessar seguramente a segunda, não pares a aspirar o perfume das suas flores embriagantes. Se queres ver-te livre das peias cármicas, não procures o teu Guru nessas regiões maiávicas.

30 Os SÁBIOS não se demoram nas regiões de prazer dos sentidos.

31 Os SÁBIOS não dão ouvidos às vozes musicais da ilusão.

32 Procura aquele que te dará o ser,[20] na Sala da Sabedoria, a sala que está para além, onde todas as sombras são desconhecidas e onde a luz da verdade brilha com uma glória imarcescível.

33 Aquilo que é incriado está dentro de ti, discípulo, assim como está naquela sala. Se queres possuí-lo, e unir as duas coisas, tens de despir os teus negros trajes de ilusão. Abafa a voz da carne, não deixes que qualquer imagem dos sentidos se entreponha entre a sua luz e a tua, para que assim as duas se fundam em uma. E, tendo apren-

---

paço, convertível em o cisne *dentro do* tempo, quando se torna Brahma em vez de Brahman.

17. O mundo fenomênico só dos sentidos e da consciência terrena.

♦ A sala da aprendizagem da época da *provação*.

18. A região astral, o mundo psíquico das percepções supersensuais e das visões ilusórias — o mundo dos médiuns. É a grande "serpente astral" de Éliphas Lévi. Nenhuma flor colhida nesse mundo foi alguma vez trazida para a terra sem que trouxesse a sua serpente enroscada na haste. É o mundo da *grande ilusão*.

19. A região da plena consciência espiritual, para além da qual já não há perigo para quem lá chegou.

20. Ao Iniciado, que conduz o discípulo, pelos conhecimentos que lhe ministra, à sua segunda nascença, ou nascença espiritual, chama-se o *pai*, Guru ou Mestre.

dido a tua *Ajnana*,[21] abandona a Sala da Aprendizagem. Essa sala é perigosa pela sua beleza pérfida, e só é precisa para a tua provação. Acautela-te, Lanu, não vá a tua Alma, entontecida pelo brilho ilusório, demorar-se e enredar-se na sua luz enganadora.

34 Essa luz brilha na joia do grande enganador (Mara).[22] Enfeitiça os sentidos, cega o espírito e deixa o descuidado naufragado e sozinho.

35 A borboleta atraída para a chama da tua lâmpada noturna está condenada a ficar morta no azeite. A alma incauta, que não pode defrontrar-se com o demônio escarninho da ilusão, voltará ao mundo escrava de Mara.

36 Olha as hostes das Almas. Vê como elas pairam sobre o mar tempestuoso da vida humana, e como, exaustas, sangrando, de asas quebradas, caem, uma após outra, nas ondas encapeladas. Batidas pelos ventos ferozes, perseguidas pelos vendavais, são arrastadas para os sorvedouros e somem-se pelo primeiro grande vórtice que encontram.

37 Se, passando pela Sala da Sabedoria, queres chegar ao vale da felicidade, fecha, discípulo, os teus sentidos à grande e cruel heresia da separação, que te afasta dos outros.

38 Que aquilo que em ti é de origem divina não se separe, engolfando-se no mar de Maya, do Pai Universal (a ALMA), mas que o poder de fogo se retire para a câmara interior, a câmara do coração,[23] e o domicílio da Mãe do Mundo.[24]

39 Então do coração esse poder subirá até a sexta região, a região média, ao lugar entre os teus olhos, quando se torna a respiração da ALMA-ÚNICA, a voz que enche tudo, a voz do teu Mestre.

---

21. *Ajnana* é a ignorância ou *não* sabedoria, o contrário do conhecimento, *Jnana*.

22. *Mara* é, nas religiões exotéricas, um demônio, um *Asura*, mas na filosofia esotérica é a personificação da tentação pelos vícios humanos, e, traduzido literalmente, quer dizer “aquilo que mata” a alma. É representado como um rei (dos Maras) com uma coroa onde brilha uma joia de tal fulgor que cega aqueles que para ela olham, e esse fulgor representa, é claro, a fascinação que o vício exerce sobre certas naturezas.

23. A câmara *interior* do coração, chamada em sânscrito *Brahma-pura*. O “poder de fogo” é Kundalini.

24. O “poder” e a “mãe do mundo” são nomes dados a Kundalini — um dos poderes místicos iogues. É *Buddhi* considerado como um princípio ativo e não passivo (o que ele em geral é quando o consideramos apenas como o veículo ou cofre do espírito supremo, ATMA). É uma força eletroespiritual, um poder criador que, quando chamado a agir, pode tão facilmente matar como criar.

40 É só então que te podes tornar um "que anda nos céus",[25] que pisa os ventos por cima das ondas, cujo passo não toca nas águas.

41 Antes que ponhas o pé sobre o degrau superior da escada, da escada dos sons místicos, tens de ouvir de sete maneiras a voz do teu DEUS *interior*.♦

42 A primeira é como a voz suave do rouxinol cantando à sua companheira uma canção de despedida.

43 A segunda vem como o som de um címbalo de prata dos Dhyanis, acordando as estrelas lucilantes.

44 A terceira é como o lamento melodioso de um espírito do oceano prisioneiro na sua concha.

45 E a esta segue-se o canto da Vina.[26]

46 A quinta, como o som de uma flauta de bambu, grita aos teus ouvidos.

47 Muda depois para um clamor de trompa.

48 A última vibra como o rumor surdo de uma nuvem de trovoada.

49 A sétima absorve todos os outros sons. Eles morrem, e não tornam a se ouvir.

50 Quando os seis[27] estão mortos e postos aos pés do Mestre, então se integra o aluno no ÚNICO,[28] se torna esse ÚNICO e nele vive.

51 Antes que possas entrar para esse caminho, tens de destruir o teu corpo lunar,[29] e limpar o teu corpo mental,[30] assim como o teu coração.

---

25. *Kechara*, "o que passeia", ou "anda", nos céus. Conforme se explica no sexto *Adhyaya* dessa rainha das obras místicas, os *Jnaneshwari* — o corpo do iogue torna-se como que *feito de vento*; como "uma nuvem de onde nasceram membros", depois do que — "ele (o iogue) contempla as coisas para além dos mares e das estrelas; ouve e compreende a linguagem dos Devas, e percebe o que se está passando no espírito da formiga".

♦ A INDIVIDUALIDADE superior.

26. *Vina* é um instrumento de corda indiano parecido com um alaúde.

27. Os seis princípios; e isto quer dizer quando a personalidade inferior é destruída e a individualidade íntima se funde e perde no sétimo ou Espírito.

28. O discípulo torna-se uno com Brahman ou ATMA.

29. A forma astral produzida pelo princípio *cármico*, o *Kama Rupa*, ou corpo de desejo.

30. *Manasa Rupa*. O primeiro refere-se ao ser astral ou *pessoal*; o segundo, à individualidade, ou *Eu* reencarnante, cuja consciência no nosso plano, ou *Manas inferior*, tem de ser paralisada.

52 As águas puras da vida eterna, límpidas e cristalinas, não podem misturar-se com as torrentes lamacentas da tempestade de monção.

53 O orvalho do céu brilhando ao primeiro raio do sol no coração do lótus, quando cai na terra, torna-se uma gota de lama; vede como a pérola se tornou um bocado de lodo.

54 Luta com os teus pensamentos desonestos antes que eles te dominem. Trata-os como eles te querem tratar, porque, se os poupas, criarão raízes e crescerão, e, repara, esses pensamentos dominar-te-ão até que te matem. Acautela-te, discípulo, não deixes se aproximar mesmo a sua sombra. Porque ela crescerá, aumentará em tamanho e poder, e então essa coisa escura absorverá o teu ser antes que tenhas bem reparado na presença do monstro hediondo e negro.

55 Antes que o poder místico[♦] [31] te possa fazer um Deus, Lanu, deves ter adquirido a faculdade de matar, quando quiseres, a tua forma lunar.

56 A pessoa da matéria e a PESSOA do Espírito nunca se podem encontrar. Uma delas tem que desaparecer; não há lugar para ambas.

57 Antes que a mente da tua Alma possa compreender, deve a flor da personalidade ser esmagada em botão, e o verme dos sentidos, destruído até não poder ressurgir.

58 Não podes caminhar no Caminho enquanto não te tornares, tu próprio, esse Caminho.[32]

59 Que a tua Alma dê ouvidos a todo grito de dor como a flor do lótus abre o seu seio para beber o sol matutino.

60 Que o sol feroz não seque uma única lágrima de dor antes que a tenhas limpado dos olhos do que sofre.

♦ *Kundalini*, o poder serpentino ou fogo místico.

31. Chama-se-lhe o poder serpentino ou *anelar* por causa do seu progresso ou caminho espiraliforme no corpo do asceta que está desenvolvendo em si esse poder. É um poder oculto ou *foático* elétrico e ígneo, a grande força primitiva que está por dentro de toda matéria orgânica e inorgânica.

32. Este Caminho é mencionado em todas as obras místicas. Como diz Krishna no *Jnaneshwari:* "Quando se contempla este caminho... quer sigamos para o Oriente em flor, quer para as câmaras do Ocidente, *sem movimento,* ó portador do arco, *é a viagem nesta estrada.* Neste caminho, qualquer que seja o lugar para onde queiramos ir, *esse lugar* nos tornamos". "Tu és o caminho", diz-se ao Adepto Guru, e diz este ao discípulo, depois da Iniciação. "Eu sou a estrada e o Caminho", diz um outro MESTRE.

61 Que cada lágrima humana escaldante caia no teu coração e ali fique; nem nunca a tires enquanto durar a dor que a produziu.

62 Essas lágrimas, ó tu de coração tão compassivo, são os rios que irrigam os campos da caridade imortal. É neste terreno que cresce a flor noturna de Buda,[33] mais difícil de achar, mais rara de ver, do que a flor da árvore Vogay. É a semente da libertação do renascer. Ela isola o Arhat tanto da luta como da luxúria, leva-o através dos campos do ser para a paz e a felicidade que só se conhecem na terra do silêncio e do não ser.

63 Mata o desejo; mas, se o matares, cuida bem em que ele não renasça da morte.

64 Mata o amor da vida; mas, se matares *Tanhā*,[34] que isso não seja pela ânsia da vida eterna, mas para substituir o eterno ao evanescente.

65 Não desejes nada. Não te indignes contra o Karma, nem contra as leis imutáveis da natureza. Mas luta apenas com o pessoal, o transitório, o evanescente e o que tem de perecer.

66 Auxilia a natureza e trabalha com ela; e a natureza ter-te-á por um dos seus criadores, obedecendo-te.

67 E ela abrirá de par em par diante de ti as portas das suas câmaras secretas, desnudará ao teu olhar os tesouros ocultos nas profundezas do seu seio virgem. Impoluída pela mão da matéria, ela revela os seus tesouros apenas aos olhos do Espírito — os olhos que nunca se fecham, os olhos para os quais não há véu em todos os seus reinos.

68 Então ela te mostrará o meio e a senda, a primeira porta, e a segunda, e a terceira, até a própria sétima porta. E então a meta, para além da qual estão, banhadas pelo sol do Espírito, glórias indizíveis, que só o olhar da Alma pode ver.

69 Há só uma senda até o Caminho; só chegado bem ao fim se pode ouvir a Voz do Silêncio. A escada pela qual o candidato sobe é formada por degraus de sofrimento e de dor; estes só podem ser calados pela voz da virtude. Ai de ti, pois, discípulo, se há um único vício que

33. O grau do Adepto — a flor de *Boddhisattva*.

34. *Tanhā* — a vontade de viver, o medo da morte e o amor à vida, aquela força ou energia que cansa o renascer.

não abandonaste; porque então a escada abaterá e far-te-á cair; a sua base assenta no lodo fundo dos teus pecados e defeitos, e, antes que possas tentar atravessar esse largo abismo de matéria, tens de lavar os teus pés nas águas da renúncia. Acautela-te, não vás pousar um pé ainda sujo no primeiro degrau da escada. Ai daquele que ousa poluir um degrau com os seus pés lamacentos. A lama vil e viscosa secará, tornar-se-á pegajosa, e acabará por colar-lhe o pé ao degrau; e, como uma ave presa no visco do caçador sutil, ele será afastado de todo o progresso ulterior. Os seus vícios tomarão forma e puxá-lo-ão para baixo. Os seus pecados erguerão a voz, como o riso e o soluço do chacal depois do pôr do sol; os seus pensamentos tornar-se-ão um exército e levá-lo-ão consigo, como um escravo cativo.

70 Mata os teus desejos, Lanu, torna os teus vícios impotentes, até dares o primeiro passo na tua jornada solene.

71 Estrangula os teus pecados, torna-os mudos para sempre, antes que ergas um pé para subir a escada.

72 Faze calar os teus pensamentos e concentra toda a tua atenção sobre o teu Mestre, que tu por enquanto não vês, mas sentes.

73 Funde num só sentido todos os teus sentidos, se queres te tornar seguro contra o inimigo. É só por aquele sentido que está oculto no vácuo do teu cérebro que o caminho íngreme que conduz ao teu Mestre se pode revelar aos olhos indecisos da tua alma.

74 Longa e fatigante é a senda ante ti, ó discípulo. Um único pensamento a respeito do passado que abandonaste puxar-te-á para baixo, e terás novamente que começar a ascensão.

75 Mata em ti toda a memória de experiências passadas. Não te voltes para trás, ou estás perdido.

76 Não creias que a luxúria pode alguma vez ser morta se é satisfeita ou saciada, porque isso é uma abominação inspirada por Mara. É alimentando o vício que ele se expande e torna forte, como o verme que se alimenta no seio da flor.

77 A rosa tem que tornar a ser o botão, nascido da sua haste paterna, antes que o parasita lhe tenha roído o seio e bebido a seiva da sua vida.

78 A árvore dourada dá as suas flores de joia antes que o seu tronco esteja gasto pela tormenta.

79 O aluno tem que tornar *ao estado de infância que perdeu* antes que o primeiro som lhe possa soar ao ouvido.

80 A luz do ÚNICO Mestre, a única, eterna, luz dourada do Espírito, derrama os seus raios fulgurantes sobre o discípulo desde o princípio. Os seus raios atravessam as nuvens espessas e pesadas da matéria.

81 Ora aqui, ora ali, esses raios iluminam-na, como os raios do sol iluminam a terra através das espessas folhas da floresta. Mas, ó discípulo, a não ser que a carne seja passiva, a cabeça lúcida, a Alma firme e pura como um diamante que cintila, o fulgor não chegará à *câmara*, a sua luz do sol não aquecerá o coração, nem os sons místicos das alturas akáshicas[35] chegarão ao ouvido, por atento que ele esteja, no estágio inicial.

82 A não ser que ouças, não poderás ver.

83 A não ser que vejas, não poderás ouvir. Ouvir e ver, eis o segundo estágio.

84 Quando o discípulo vê e ouve, e quando cheira e gosta, com os olhos fechados, os ouvidos fechados, tapados o nariz e a boca; quando os quatro sentidos se fundem e estão prontos a tornar-se o quinto, aquele do tato interior — então passou ele para o quarto estágio.

85 E no quinto, ó matador dos teus pensamentos, todos estes têm de ser outra vez mortos até não ser possível reanimarem-se.[36]

86 Retira a tua mente de todos os objetos externos, de todas as vistas externas. Retira as imagens internas, para que não lancem uma sombra negra sobre a luz da tua Alma.

87 Estás agora em DHARANA,[37] o sexto estágio.

---

35. Os sons místicos, ou a melodia mística, ouvidos pelo asceta no princípio do seu ciclo de meditação, chamado *Anahatashabda* pelos iogues. O Anahata é o quarto dos Chacras.

36. Isto quer dizer que no sexto estágio de desenvolvimento, que, no sistema oculto, é *Dharana*, cada sentido, [como] faculdade individual, tem de ser "morto" (ou paralisado) neste plano, passando a ser, e fundindo-se com, o *sétimo* sentido, o mais espiritual.

37. Ver nota 3 [p. 51].

88 Quando tiveres passado para o sétimo, ó bem-aventurado, não mais verás os Três sagrados,[38] porque te terás, tu próprio, tornado esses Três. Tu próprio e a mente, como gêmeos sobre uma linha, a estrela que é o teu guia brilha por cima, nas alturas.[39] Os Três que moram na glória e na felicidade inefáveis, agora perderam os seus nomes no mundo de Maya. Tornaram-se uma só estrela, o fogo que arde mas não queima, o fogo que é o Upadhi[40] da chama.

89 E isto, ó iogue de sucesso, é aquilo a que os homens chamam Dhyana,[41] o verdadeiro precursor do Samadhi.[42]

90 E agora a tua *personalidade* está perdida na PERSONALIDADE, *tu* para CONTIGO PRÓPRIO, imerso naquela PERSONALIDADE de onde primeiro irradiaste.

91 Onde está a tua individualidade, Lanu, onde está o próprio Lanu? É a fagulha perdida no meio do fogo, a gota dentro do oceano, o raio de luz sempre presente tornado o Todo e o fulgor eterno.

92 E agora, Lanu, tu és o agente e a testemunha, o que irradia e a irradiação, a luz no som, e o som na luz.

---

38. Cada estágio de desenvolvimento do *Raja Ioga* é simbolizado por uma figura geométrica. Esta é o *triângulo* sagrado e precede o *Dharana*. O Δ é o sinal dos altos chelas, ao passo que outra espécie de triângulo é o dos altos Iniciados. É o "I" símbolo de que Buda falou e que ele empregou como símbolo da forma incorporada de Tathagata quando liberta dos três métodos do *Prajnâ*. Os estágios preliminar e inferiores uma vez passados, o discípulo já não vê o Δ, mas o —, a abreviatura do —, o setenário completo. *A sua verdadeira forma não é aqui dada porque é quase certo que seria aproveitada por qualquer charlatão e* dessecrada com o ser usada para fins fraudulentos.

39. A estrela que brilha nas alturas é a Estrela da Iniciação. O sinal dos Shaivas, ou devotos da seita de Shiva, patrono de todos os iogues, é um ponto circular negro; agora, talvez, símbolo do *sol*, mas o da Estrela da Iniciação no ocultismo de outros tempos.

40. A base, *Upadhi*, da CHAMA sempre inatingível, enquanto o asceta está nesta vida.

41. *Dhyana* é o último estágio antes do final [nesta terra], a não ser que nos tornemos um pleno MAHATMA. Como já se disse, neste estado o Raja iogue é ainda espiritualmente consciente da sua personalidade e da operação dos seus princípios superiores. Mais um passo, e estará no plano para além do sétimo; o quarto, segundo certas escolas. Estas, depois da prática de *Pratyahara* — uma educação preliminar, para dominar o espírito e os pensamentos — contam Dharana, Dhyana e Samadhi, e envolvem os três sob o nome genérico de SAMYAMA.

42. *Samadhi* é o estado em que o asceta perde a consciência de toda a individualidade, incluindo a sua. Torna-se o TODO.

93 Conheces, ó bem-aventurado, os cinco impedimentos. Tu és o seu conquistador, o mestre do sexto, libertador dos quatro modos da verdade.[43] A luz que cai sobre eles brilha de ti, ó tu que foste discípulo, mas é professor agora.

E destes modos da verdade:

94 Não atravessaste, tu, o conhecimento de toda a dor – primeira verdade?

95 Não venceste, tu, o rei dos Maras em Tsi, a porta da reunião – segunda verdade?[44]

96 Não destruíste, tu, o pecado à terceira porta, atingindo a terceira verdade?

97 Não entraste tu para *Tau*, o caminho que leva ao conhecimento – a quarta verdade?[45]

98 E agora, descansa sob a árvore de Bodhi, que é a perfeição de todo o conhecimento, porque, sabe-o, és possuidor de SAMADHI – o estado da visão infalível.

99 Vê! Tornaste-te a luz, tornaste-te o som, és o teu Mestre e o teu Deus. TU PRÓPRIO és o objeto da tua busca: a VOZ sem falha, que ressoa através de eternidades, isenta de mudança, isenta de pecado, os sete sons em um,

A VOZ DO SILÊNCIO.

100 *Aum Tat Sat.*

---

43. Os quatro modos da verdade são, no budismo do norte: *Ku*, o sofrimento ou miséria; *Tu*, a reunião das tentações; *Mu*, a destruição delas; e *Tau*, o Caminho. Os "cinco impedimentos" são o conhecimento da angústia, a verdade a respeito da fraqueza humana, restrições opressivas, e a absoluta necessidade de separação de todas as peias da paixão, e mesmo dos desejos. O "Caminho da salvação" é o último.

44. No portal da reunião está o rei dos Maras. O *Maha-Mara*, tentando cegar o candidato com o brilho da sua joia.

45. Este é o quarto dos cinco caminhos do renascer, que conduzem e arrastam todos os seres humanos para um perpétuo estado de tristeza e de alegria. Esses caminhos não passam de subdivisões do caminho único, o caminho seguido pelo Karma.

SEGUNDO FRAGMENTO

Os dois caminhos

101 E agora, ó Mestre da compaixão, ensina tu o caminho aos outros homens. Olha todos aqueles que, batendo para que os admitam, esperam na ignorância e na escuridão ver se abrir a porta da suave Lei!

A voz dos candidatos:

102 Não quererás tu, Mestre da tua própria misericórdia, revelar a doutrina do coração?[46] Recusar-te-ás a conduzir os teus servos até o Caminho da libertação?

Diz o Mestre:

103 Os caminhos são dois; as grandes perfeições, três; seis, as virtudes que transformam o corpo na árvore da sabedoria.[47]

104 Quem se aproximará delas?

105 Quem primeiro entrará por elas?

106 Quem primeiro ouvirá a doutrina dos dois caminhos em um, a verdade sem véu a respeito do Coração Secreto?[48] A lei que, rejeitando o aprender, ensina a sabedoria, revela uma história de dor.

107 Ai de nós, ai de nós, que todos os homens possuam Alaya, sejam unos com a grande Alma, e que, possuindo-a, Alaya de tão pouco lhes sirva!

108 Repara como, qual a lua se reflete nas ondas tranquilas, Alaya é refletido pelos pequenos e pelos grandes, espelhado nos átomos ínfimos, e contudo não consegue chegar ao coração de todos. Ai de nós, que tão poucos sejam os homens que se aproveitem do dom, do dom

---

46. Às duas escolas da doutrina do Buda, a esotérica e a exotérica, chama-se respectivamente a doutrina do "coração" e a doutrina dos "olhos". A Bodhidharma, a religião da sabedoria na China — de onde os nomes passaram para o Tibete — chamou-lhes: os *homens do Tsung* (escola esotérica) e *os do Kiau* (escola exotérica). A primeira é assim chamada porque é o ensinamento que emanou do *coração* do Gautama Buda, ao passo que a doutrina dos olhos foi produto da sua cabeça ou do seu cérebro. A doutrina do coração também se chama o selo da verdade, ou o verdadeiro selo, símbolo esse que se encontra encimando quase todas as obras esotéricas.

47. A árvore da sabedoria é um título dado pelos aderentes da Religião da Sabedoria (*Bodhidharma*) àqueles que atingiram a altura do conhecimento místico — aos Adeptos. A Nagarjuna, o fundador da Escola, Madhyamika, chamavam a árvore-dragão, sendo o dragão um símbolo de sabedoria e de conhecimento. A árvore é respeitada porque foi sob a árvore Bodhi (da sabedoria) que o Buda recebeu a sua nascença e o seu esclarecimento, pregou o seu primeiro sermão, e morreu.

48. O Coração Secreto é a doutrina esotérica.

sem preço, de aprender a verdade, a verdadeira percepção das coisas existentes, o conhecimento do não existente!

Diz o aluno:

109 Ó Mestre, que farei eu para atingir a sabedoria?

110 Ó sábio, que farei para conseguir a perfeição?

111 Procura os caminhos. Mas, ó, Lanu, sê puro de coração antes que comeces a tua jornada. Antes que dês o primeiro passo, aprende a separar o real do falso, o transitório do eterno. Aprende sobretudo a separar a ciência de cabeça da sabedoria de Alma, a doutrina dos "olhos" da doutrina do "coração".

112 Sim, a ignorância é como uma vasilha fechada e sem ar; a Alma, uma ave dentro dela. Não canta, nem pode mexer uma pena; mas ela, a ave canora, jaz num torpor e morre de não poder respirar.

113 Mas mesmo a ignorância é melhor do que a ciência de cabeça sem a sabedoria de Alma para a iluminar e guiar.

114 As sementes da sabedoria não podem germinar e crescer no espaço sem ar. Para viver e colher experiência, o espírito precisa de âmbito e profundeza, e pontos que o guiem para a Alma de Diamante.[49] Não procures esses pontos no reino de *Maya*; mas ergue-te acima das ilusões, busca o eterno e imutável SAT[50], desconfiando das falsas sugestões da fantasia.

115 Porque a mente é como um espelho; cobre-se de pó ao mesmo tempo que reflete.[51] Precisa que as brisas leves da sabedoria de Alma limpem o pó das nossas ilusões. Procura, ó principiante, fundir a tua mente e a tua Alma.

116 Afasta-te da ignorância, e da ilusão também. Vira o rosto às decepções do mundo; desconfia dos teus sentidos; eles mentem. Mas dentro do teu corpo — escrínio das tuas sensações — procura no im-

---

49. A Alma de Diamante, Vajrasattva, um título do Buda supremo, o Senhor de todos os mistérios, chamado Vajradhara e Adi-Buda.

50. SAT, a única realidade e verdade eterna e absoluta, sendo tudo o mais ilusão.

51. Da doutrina de *Shin-Sien*, que ensina que a mente humana é como um espelho que atrai e reflete todos os átomos de pó, e tem de ser, como esse espelho, cuidada e limpa todos os dias. *Shin-Sien* foi o sexto patriarca da China Setentrional, que ensinou a doutrina esotérica do Bodhidharma.

pessoal o Homem Eterno;[52] e, tendo-o procurado, olha para dentro; tu és Buda.[53]

117 Rejeita o aplauso, ó crente; o aplauso conduz à ilusão de si próprio. O teu corpo não é Personalidade, a tua PERSONALIDADE é em si sem corpo, e o elogio ou a censura não a atingem.

118 O contentamento de si próprio, ó discípulo, é uma torre altíssima, à qual um insensato orgulhoso subiu. Ali se senta em orgulhosa solidão, invisível a todos, salvo a si próprio.

119 A falsa ciência é rejeitada pelos sábios, e espalhada aos ventos pela Boa Lei. A sua roda gira para todos, para os humildes como para os orgulhosos. A doutrina dos olhos[54] é para a multidão; a doutrina do coração é para os eleitos. Os primeiros repetem, orgulhosos: "Vede, eu sei"; os últimos, aqueles que humildemente fizeram a sua colheita, confessam em voz baixa: "Assim ouvi".[55]

120 "Grande Peneireira" é o nome da doutrina do coração, ó discípulo.

121 A roda da Boa Lei gira rapidamente. Noite e dia mói. O joio afasta do trigo dourado, e a casca, da farinha. A mão do Karma guia a roda; as rotações marcam o bater do coração cármico.

122 O verdadeiro conhecimento é a farinha, a falsa ciência é a casca. Se queres comer o pão da sabedoria, tens de amassar a tua farinha com a água límpida de Amrita.♦ Mas se amassas cascas com o orvalho de Maya, só podes criar alimento para as pombas negras da morte, as aves da nascença, da decadência e da tristeza.

123 Se te disserem que para te tornares Arhan tens de deixar de amar todas as cousas — dize-lhes que mentem.

124 Se te disserem que para te libertares tens de odiar a tua mãe e desprezar o teu filho; de renegar o teu pai e chamar-lhe dono de

---

52. Os budistas do Norte chamam ao EU reencarnante o Homem Eterno, que se torna, em união com o seu ser superior, um Buda.

53. Buda significa esclarecido.

54. [Ver nota 46 (p. 65). O budismo *exotérico* das massas.]

55. A fórmula costumada que precede as escrituras budistas, e significa que o que segue foi notado de direta tradição oral do Buda e dos Arhats.

♦ A imortalidade.

casa;[56] de renunciar toda a compaixão pelos homens e pelos animais — dize-lhes que as suas palavras são falsas.

125 Assim ensinam os Tirthikas,♦ os descrentes.

126 Se te ensinarem que o pecado nasce da ação e a felicidade, da inação absoluta, dize-lhes que se enganam. A não permanência da ação humana, a libertação da mente da sua escravidão pela cessação do pecado e das culpas não são coisas para os Eus Devas.♦♦ Assim reza a doutrina do coração.

127 O Darma dos olhos é a corporização do externo e do não existente.

128 O Darma do coração é a corporização do Bodhi,♦♦♦ o eterno e o permanente.

129 A lâmpada brilha bem quando estão limpos pavio e óleo. Para os limpar é preciso quem os limpe. A chama não sente o processo de limpeza. "Os ramos de uma árvore são sacudidos pelo vento; o tronco fica imóvel."

130 Tanto a ação como a inação podem caber em ti; o teu corpo agitado, a tua mente tranquila, a tua Alma límpida como um lago de montanha.

131 Queres tu te tornar um iogue do círculo do tempo? Então, ó Lanu:

132 Não creias que te sentando em florestas escuras, em orgulhosa reclusão, longe dos homens; não creias que a vida alimentada a plantas e raízes, saciada a sede com a neve da grande Cordilheira — não creias, ó devoto, que isto te levará à meta da libertação final.

133 Não julgues que o partir dos ossos, o rasgar da carne e dos músculos, te unirá à tua Personalidade silenciosa.[57] Não julgues que, quando estão vencidos os pecados da tua forma grosseira, ó vítima

56. Rathapala, o grande Arhat, assim se dirige a seu pai na lenda chamada *Rathapala Sutrasanne*. Mas como todas as lendas são alegóricas (por ex., o pai de Rathapala tem uma casa com *sete portas*), compreende-se a reprimenda àqueles que as aceitam *literalmente*.

♦ Brâmanes ascéticos, visitadores de sacrários, sobretudo lugares de banhos sagrados.

♦♦ Os Eus reencarnantes.

♦♦♦ A sabedoria verdadeira e divina.

57. A Personalidade Superior, o sétimo princípio.

das tuas sombras,[58] o teu dever está cumprido para com a natureza e com os homens.

134 Os bem-aventurados não quiseram fazer assim. O Leão da Lei, o Senhor da Misericórdia♦, percebendo a verdadeira causa da dor humana, imediatamente abandonou o repouso suave mas egoísta das solidões sossegadas. De Aranyaka[59] tornou-se Mestre da humanidade. Depois de Julai[60] ter entrado para o Nirvana, ele pregou em montanhas e em planícies, fez sermões nas cidades, aos Devas, aos homens e aos Deuses[61].

135 Semeia boas ações e colherás o seu fruto. A inação num ato de misericórdia passa a ser a ação num pecado mortal.

Diz assim o Sábio:

136 Por que queres te abster da ação? Não é assim que a tua Alma conseguirá a sua liberdade. Para chegar ao Nirvana é preciso chegar ao conhecimento de Si próprio, e o conhecimento de Si próprio é filho de ações caridosas.

137 Tem paciência, Candidato, como quem não teme falhar, nem procura triunfar. Fixa o olhar da tua Alma na estrela cujo raio és,[62] a estrela chamejante que brilha nas profundezas sem luz do ser eterno, nos campos sem limite do desconhecido.

138 Tem perseverança, como quem tem de suportar para sempre. As tuas sombras vivem e desaparecem;[63] aquilo que em ti viverá para sempre, aquilo que em ti *conhece* (porque é o conhecimento)[64] não

58. Aos nossos corpos físicos chama-se sombras nas escolas místicas.

♦ [Buda.]

59. Um eremita que se retira para as selvas, vivendo numa floresta quando tornando-se iogue.

60. *Julai* é o nome chinês para Tathagata, título dado a todo Buda.

61. Todas as tradições do Norte e do Sul concordam em mostrar que Buda saiu da sua solidão logo que resolveu o problema da vida — isto é, recebeu o esclarecimento interior — e ensinou publicamente aos homens.

62. Segundo o ensinamento esotérico, cada EU espiritual é um raio de um espírito planetar.

63. Às personalidades, ou *corpos físicos*, chama-se sombras, por serem evanescentes.

64. [*Mente* (*Manas*), o Princípio do pensamento ou EU no homem, é referido ao próprio "Conhecimento", porque os *Eus* humanos são chamados *Mānasa-putras*, filhos da Mente (universal).]

é da vida transitória: é o Homem que foi, que é, que há de ser, para quem a hora nunca soará.

139 Se queres colher a suave paz e o descanso, discípulo, semeia as sementes do mérito nos campos das colheitas futuras. Aceita as dores da nascença.

140 Afasta-te da luz do sol para a sombra, para dares mais espaço aos outros. As lágrimas que regam o solo árido da dor e da tristeza fazem nascer as flores e os frutos da retribuição cármica. Da fornalha da vida humana e do seu fumo denso, saltam chamas aladas, chamas purificadas, que, erguendo-se alto, sob o olhar cármico, tecem por fim o tecido glorioso das três vestes do Caminho.[65]

141 Essas vestes são: Nirmanakaya, Sambhogakaya, e Dharmakaya, traje sublime.[66]

142 A veste *Shangna*,[67] é certo, pode comprar a luz eterna. A veste Shangna, só por si, dá o Nirvana da destruição; interrompe o renascer, mas, ó Lanu, também mata a compaixão. Os Budas perfeitos, que vestem a glória do Dharmakaya, já não podem contribuir para a salvação humana. Ai de nós! Devem as PERSONALIDADES ser sacrificadas a uma só? Deve a humanidade ser sacrificada ao bem de indivíduos?

143 Aprende, ó principiante, que este é o CAMINHO *aberto*, o caminho para a felicidade egoísta, evitado pelos Bodhisattvas do Coração Secreto, os Budas da Compaixão.

144 Viver para servir a humanidade é o primeiro passo. Praticar as seis virtudes gloriosas[68] é o segundo.

---

65. Ver nota 117 [p. 93].

66. *Ibid.*

67. A veste *Shangna*, do Shangna-vesu de Rajagriba, o terceiro grande Arhat, ou patriarca, segundo a terminologia que os orientalistas adotam para a hierarquia dos trinta e três Arhats que espalharam o budismo. “A veste Shangna” significa metaforicamente a aquisição da sabedoria com que se entra para o Nirvana da destruição (da *personalidade*). Literalmente, quer dizer a veste da Iniciação dos neófitos. Edkins afirma que este tecido de ervas foi trazido para a China, do Tibete, na dinastia Tong. “Quando nasce um Arhan, esta planta encontra-se crescendo num lugar limpo”, diz a lenda chinesa, assim como a tibetana.

68. Praticar o caminho Paramita quer dizer tornar-se iogue com o fim de se tornar asceta.

145 Vestir a veste humilde do Nirmanakaya é rejeitar para si a felicidade eterna, para poder auxiliar a salvação humana. Chegar à felicidade do Nirvana, mas renunciar a ela, é o passo supremo, final — o mais alto no caminho da renúncia.

146 Aprende, ó discípulo, que é este o CAMINHO *secreto*, escolhido pelos Budas da perfeição, que sacrificaram a sua PERSONALIDADE a personalidades mais fracas.

147 Mas, se a doutrina do coração é alta demais para ti, se precisas de te auxiliar a ti próprio e receias oferecer auxílio aos outros — então, tu de coração tímido, acautela-te a tempo: contenta-te com a doutrina ocular da Lei. Continua esperando. Porque, se o Caminho secreto não é atingível hoje, amanhã[69] estará ao teu alcance. Aprende que não há esforço, por pequeno que seja — quer no bom sentido, quer no mau —, que possa se perder e desaparecer do mundo das causas. Mesmo o fumo dado ao vento não é sem rastro. "Uma palavra brusca dita em vidas passadas não se perde, mas renasce sempre."[♦] A pimenteira não produz rosas, nem a estrela de prata do jasmim se torna espinho ou cardo.

148 Podes criar hoje as tuas oportunidades de amanhã. Na grande jornada,[70] as causas semeadas cada hora produzem cada qual a sua colheita de efeitos, porque uma justiça inalterável rege o mundo. Com o vasto alcance de ação infalível ela traz aos mortais vidas de alegria ou de angústia, a prole cármica dos nossos pensamentos e ações anteriores.

149 Aceita, pois, tanto quanto o mérito te reserva, ó de coração paciente. Anima-te e contenta-te com a sorte. Tal é o teu Karma, o Karma do ciclo dos teus nascimentos, o destino daqueles que, na sua dor e tristeza, nascem a ti ligados, riem e choram de vida a vida, presos às tuas ações anteriores.

150 Age tu por eles hoje, e eles agirão por ti amanhã.

151 É do botão da renúncia da sua própria personalidade que nasce o fruto doce da libertação final.

---

69. "Amanhã" quer dizer a renascença ou a reencarnação seguinte.

♦ Dos preceitos da escola Prasanga.

70. A grande jornada é o ciclo completo de existências em uma volta.

152 Condenado a perecer é aquele que, por medo de Mara, deixa de auxiliar os homens, receando agir pela personalidade. O peregrino que quer refrescar os seus membros lassos em águas correntes, mas não mergulha por medo à corrente, arrisca-se a morrer de calor. A inação baseada no medo egoísta não pode dar senão mau fruto.

153 O devoto egoísta vive inutilmente. Vive em vão o homem que não realiza na vida a obra para que nasceu.

154 Segue a roda da vida; segue a roda do dever para com a tua raça e os do teu sangue, para com o amigo e o inimigo, e fecha a tua mente aos prazeres como à dor. Esgota a lei da retribuição cármica. Adquire Siddhis para o teu nascimento futuro.

155 Se não podes ser o sol, sê então o humilde planeta. Sim, se te é impossível brilhares como o sol do meio-dia sobre o monte nevado da pureza eterna, então escolhe, ó neófito, uma carreira mais humilde.

156 Aponta o caminho – por apagadamente que o faças, e perdido entre as turbas – como a estrela da tarde àqueles que caminham pela escuridão.

157 Olha Migmar♦, quando nos seus véus carmesins o seu olhar se derrama sobre a Terra que dorme. Olha a aura de fogo da mão de Lhagpa♦♦ estendida com amorosa proteção por sobre as cabeças dos seus ascetas. Ambos são agora servos de Nyima,♦♦♦ [71] ficando, na sua ausência, sentinelas silenciosas na noite. Foram, contudo, em kalpas passados, Nyimas brilhantes, e talvez em dias futuros se tornem outra vez dois sóis. Tais são as descidas e subidas da lei cármica na natureza.

158 Sê, ó Lanu, como eles. Dá luz e conforto ao peregrino cansado, e procura aquele que sabe ainda menos do que tu; que na sua desolação miserável está faminto do pão da sabedoria e do pão que alimenta a sombra, sem Mestre, esperança ou consolação, e fá-lo ouvir a Lei.

159 Dize-lhe, ó candidato, que aquele que faz do orgulho e do egotismo servos da devoção; que aquele que, tenaz da sua existência, em todo caso depõe a sua paciência e submissão à Lei como uma flor aos

---

♦ [Marte.]
♦♦ [Mercúrio.]
♦♦♦ [O Sol.]

71. *Nyima*, o sol na astrologia tibetana. *Migmar* ou Marte é simbolizado por um olho, e *Lhagpa* ou Mercúrio por uma mão.

pés de Shakya-Thub-pa,[♦] se torna um *Srotapatti*[72] neste nascimento. Os Siddhis da perfeição podem ainda estar longe, muito longe; mas está dado o primeiro passo, ele entrou para o rio, e pode adquirir a visão da águia das montanhas, o ouvido da tímida corça.

160 Dize-lhe, ó aspirante, que a verdadeira devoção pode lhe tornar a dar o conhecimento, aquele conhecimento que era seu nas suas nascenças anteriores. A visão deva e o ouvido deva não se podem obter em uma breve nascença.

161 Sê humilde, se queres adquirir a sabedoria:

162 sê mais humilde ainda, quando a tiveres adquirido.

163 Sê como o oceano, que recebe todos os rios e riachos. A calma imensa do oceano não se perturba; recebe-os e não os sente.

164 Domina o teu ser inferior como o teu ser divino.

165 Domina o divino com o eterno.

166 Sim, grande é aquele que mata o desejo:

167 maior ainda é aquele em quem a divina Personalidade matou o próprio conhecimento do desejo.

168 Põe-te de guarda ao inferior, para que não deslustre o superior.

169 O caminho para a libertação final está dentro da tua PERSONALIDADE.

170 Esse caminho começa e acaba fora da personalidade.[73]

171 Sem elogios de todos os homens e humilde é a mãe de todos os rios na vista orgulhosa de *Tirthika*; vazia a forma humana, ainda que cheia das águas suaves de Amrita ao olhar dos insensatos. E contudo a origem dos rios sagrados é a terra sagrada,[74] e aquele que possui a sabedoria é respeitado por todos os homens.

♦ Buda.

72. *Srotapatti* ou "aquele que entra para sobre o rio" do Nirvana, a não ser que atinja a meta devido a razões excepcionais, raras vezes poderá atingir o Nirvana em uma nascença. Em geral diz-se que um chela começa o esforço ascensional em uma vida e o acaba ou chega à meta apenas na sua sétima nascença depois dessa.

73. Isto é, o ser inferior pessoal.

74. Os *Tirthikas*, sectários bramânicos de além dos Himalaias, são chamados infiéis pelos budistas na *terra sagrada*, o Tibete, e *vice-versa*.

172 Arhans e Sábios da visão ilimitada[75] são raros como a flor da árvore Udambara. Os Arhans nascem à meia-noite, com a planta sagrada de nove e sete caules,[76] a flor sagrada que desabrocha e floresce na escuridão, saída do orvalho puro e do leito gelado das alturas nevadas, alturas que nenhum pé pecador pisou.

173 Nenhum Arhan, ó Lanu, se torna um naquela nascença em que pela primeira vez a Alma começa a ansiar pela libertação final. E contudo, ó ansioso, a nenhum guerreiro oferecendo-se voluntariamente para a terrível luta entre o vivo e o morto,[77] a nenhum recruta pode ser recusado o direito de entrar no caminho que conduz ao campo de batalha.

174 Porque ou vence ou cai.

175 Sim, se vence, o Nirvana será seu. Antes de abandonar a sua sombra, de enjeitar a sua veste mortal, essa causa abundante de angústia e de dor ilimitável, os homens honrarão nele um Buda grande e sagrado.

176 E se cai, mesmo assim não cai em vão; os inimigos que abateu na última batalha não tornarão a viver na nascença seguinte dele.

177 Mas, se queres chegar ao Nirvana, ou rejeitar esse prêmio,[78] não deixes o fruto da ação e da inação ser o teu motivo, ó de coração indômito.

178 Aprende que ao Bodhisattva que troca a libertação pela renúncia para vestir as angústias da vida secreta,[79] chama-se três vezes venerado, ó candidato à dor através dos ciclos.

179 O CAMINHO é um, discípulo, mas, no fim, duplo. Marcados estão os seus estágios por quatro ou sete portas. A uma extremidade, a felicidade imediata; a outra, a felicidade renunciada. Ambos são a recompensa do mérito: a escolha a ti pertence.

180 O um torna-se os dois, o *patente* e o *secreto*.[80] O primeiro leva à meta; o segundo, à imolação de si próprio.

---

75. A visão ilimitada, ou seja, a visão psíquica, sobre-humana. Diz-se que um Arhan vê e sabe tudo, perto ou longe que esteja.
76. Ver nota 67 [p. 70], sobre a planta Shangna.
77. O vivo é o Eu superior e imortal; e o morto, o Eu inferior e *pessoal*.
78. Ver nota 117 [p. 93].
79. A vida secreta é a vida como Nirmanakaya.
80. O Caminho aberto é o que é ensinado ao laico, é o exotérico e geralmente aceito, ao passo que o caminho secreto é um cuja natureza é explicada na Iniciação.

181 Quando ao permanente o mutável se sacrifica, o prêmio é teu; volta a gota ao lugar de onde veio. O CAMINHO *aberto* conduz à mudança imutável – Nirvana, o estado glorioso do absoluto, a felicidade para além da concepção humana.

182 Assim, o primeiro caminho é a LIBERTAÇÃO.

183 [Mas o segundo caminho é RENÚNCIA, e, portanto, chamado de "Caminho da Dor".]

184 O caminho *secreto* conduz o Arhan a uma angústia mental inexprimível; dor pelos mortos que estão vivos,[81] e compaixão inútil pelos homens da tristeza cármica; o fruto do Karma não ousam os Sábios fazer parar.

185 Porque está escrito: "Ensina a evitar todas as causas; à maré do efeito, como à grande onda, deixarás seguir o seu curso".

186 O caminho aberto, mal chegaste ao seu fim, levar-te-á a rejeitar o corpo bodhisattvico, e far-te-á entrar para o estado três vezes glorioso de Dharmakaya[82], que é o eterno esquecimento dos homens e do mundo.

187 A estrada secreta também conduz à felicidade paranirvânica – mas ao termo de kalpas inúmeros; Nirvanas ganhos e perdidos por uma piedade e compaixão ilimitadas pelo mundo dos mortais iludidos.

188 Mas diz-se: "O último será o maior". *Samyak Sambuddha*, o Mestre da perfeição, abandonou a sua PERSONALIDADE para salvação do mundo, parando no limiar do Nirvana, o estado de pureza.

189 Tens agora o conhecimento com respeito aos dois caminhos. Chegará o momento em que terás de escolher, ó de Alma ansiosa, quando tiveres chegado ao fim e passado as sete portas. A tua mente está lúcida. Já não estás preso em pensamentos que te iludem, porque aprendeste tudo. Sem véu está diante de ti a Verdade, e fita-te gravemente. Diz ela:

---

81. Aos homens ignorantes das verdades e sabedoria esotéricas chama-se os mortos que vivem.

82. Ver nota 117 [p. 93].

190 "Doces são os frutos do descanso e da libertação por causa da *Personalidade*; mas mais doces ainda, os frutos do dever longo e amargo; sim, da renúncia por amor aos outros, aos homens que sofrem".

191 [Ele, que se torna Pratyeka-Buda[83], faz sua reverência, mas a *si mesmo*.] O Bodhisattva que ganhou a batalha, que tem o prêmio na mão, mas exclama, na sua divina compaixão:

192 "Por amor aos outros, abandono esta grande recompensa" – realiza a renúncia maior.

193 [Ele é um SALVADOR DO MUNDO.]

194 Repara! A meta da felicidade e o longo Caminho da dor estão no extremo fim. Podes escolher um ou outro, ó aspirante à tristeza, através dos ciclos que hão de vir!...

195 AUM VAIRAPANI HUM.

83. [Os *Pratyeka Buddhas* são aqueles Bodhisattvas que se esforçam para alcançar, e frequentemente alcançam, o manto de Dharmakāya após uma série de vidas. Não importando nada com as aflições da humanidade ou para ajudá-la, mas apenas por sua própria *felicidade*, eles entram no Nirvana e — desaparecem da vista e do coração dos homens. No budismo do Norte, um "Buda Pratyeka" é sinônimo de egoísmo espiritual.]

TERCEIRO FRAGMENTO

As sete portas

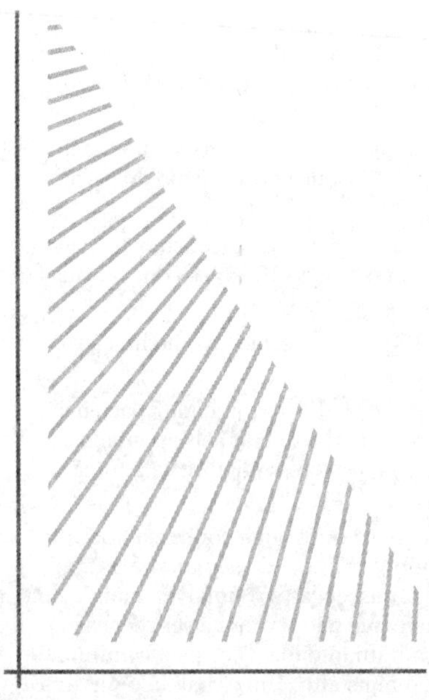

196 "Acharya,[84] a escolha está feita. Anseio pela sabedoria. Rasgaste já o véu que escondia o caminho secreto e ensinaste o Yana[85] superior. O teu servo aqui está, pronto para que o guies."

197 Está bem, Shravaka.[86] Prepara-te, porque terás de seguir sozinho. O mestre só pode apontar a direção. O Caminho é um para todos, o meio de chegar à meta deve variar de peregrino para peregrino.

198 Qual é que vais escolher, ó de coração indômito? O Samtan[87] da doutrina dos olhos, quádruplo Dhyana, ou abrirás caminho através das Paramitas,[88] seis em número, nobres portas da virtude conduzindo a Bodhi e a Prajna, sétimo passo da sabedoria?

199 O caminho árduo do quádruplo Dhyana ondula montanha acima. Três vezes grande é aquele que chega ao píncaro altíssimo.

200 As alturas de Paramita são atravessadas por um caminho ainda mais íngreme. Tens de forçar o teu caminho através das setes portas, sete fortalezas guardadas por poderes cruéis e ardilosos — paixões encarnadas.

201 Anima-te, discípulo; tem sempre presente o preceito áureo. Uma vez passada a porta Srotapatti,[89] "aquele que entrou para o rio", o teu pé uma vez posto sobre o leito do rio nirvânico nesta vida ou em

---

84. *Acharya* é um preceptor espiritual, um Guru. Os budistas do Norte escolhem-nos em geral entre os *Naljor*, homens santos, eruditos na *Gotrabhujnana* e no *Jnana--darshana-shuddi*, professores da sabedoria secreta.

85. Yana — veículo: assim Mahayana é o grande veículo e *Hinayana*, o veículo menor; nomes estes de duas escolas de ciência religiosa e filosófica no budismo do Norte.

86. *Shravaka* — um escutador, ou estudante que escuta as instruções religiosas. Do radical *Shru*. Quando da teoria passa à prática ou realização do ascetismo, torna-se um *Shramana*, exercedor, de *Shrama*, ação. Como mostra Hardy, as duas formas correspondem às palavras *akoustikoi* ou *asketai* dos gregos.

87. O *Samtan* tibetano é o mesmo que o sânscrito *Dhyana*, ou estado de meditação, do qual há quatro graus.

88. *Paramitas*, as seis virtudes transcendentais: caridade, moralidade, paciência, energia, contemplação e sabedoria. Para os sacerdotes há *dez*, as seis apontadas, e, além delas, o emprego dos meios justos, a ciência, os votos religiosos e a força de propósito (*O Budismo Chinês*, de Eitel).

89. *Srotapatti* — literalmente, "aquele que entrou para o rio" que conduz ao oceano nirvânico. Este nome indica o *primeiro* Caminho. O nome do *segundo* é o Caminho do *Sakridagamin*, "aquele que receberá a nascença (só) uma vez mais". Ao *terceiro* chama-se aquele do *Anagamin*, "aquele que não tornará a ser reencarnado", a não ser que assim deseje para auxiliar a humanidade. O *quarto* caminho é conhecido como o do *Rahat* ou *Arhat*. É este o mais alto. Um Arhat vê o nirvana

qualquer vida futura; tens apenas diante de ti mais sete nascenças, ó homem de vontade de ferro.

202 Repara. Que vês tu diante dos teus olhos, ó aspirante à sabedoria divina?

203 "O manto da escuridão cobre a profundeza da matéria; nas suas dobras me debato. Aprofunda-se, Senhor, à medida que para ele olho; um gesto da tua mão o desfaz. Mexe-se uma sombra, arrastando-se como as dobras coleantes da serpente... Cresce, alastra-se, e desaparece na escuridão."

204 É na sombra de ti próprio fora do Caminho, caindo sobre a escuridão dos teus pecados.

205 "Senhor, sim, vejo o CAMINHO: o seu princípio fincado no lodo, o seu cimo perdido na nirvânica luz gloriosa: e agora vejo os portais cada vez mais estreitos na estrada árdua e espinhosa para Jnana."♦

206 Vês bem, Lanu. Esses portais levam o aspirante a atravessar o rio para a outra margem.[90] Cada portal tem uma chave de ouro que abre a sua porta; e essas chaves são:

207 1. DANA, a chave da caridade e do amor imortal.

208 2. SHILA, a chave da harmonia nas palavras e nos atos, a chave que contrabalança a causa e o efeito, não deixando mais espaço à ação cármica.

209 3. KSHANTI, a paciência suave, que nada pode alterar.

210 4. VAIRAGYA, a indiferença ao prazer e à dor, a ilusão vencida, só a verdade vista.

---

durante a sua vida. Para ele não é um estado para depois da morte: é o seu *Samadhi*, durante o qual experimenta toda a felicidade do nirvana.

* (Para se ver quão pouca confiança se pode ter nos orientalistas no que respeita à exatidão de palavras e do seu sentido, basta ver o que disseram três pretensas autoridades nesta matéria. Assim, os quatro nomes que citamos são dados por R. Spence Hardy como sendo: 1. Sowan; 2. Sakradagami; 3. Anagami; e 4. Arya. Pelo Rev. J. Edkins, são dados como: 1. Srotapanna; 2. Sagardagam; 3. Anaganim; e 4. Arhan. Schlagintweit escreve-os de maneira diversa, e cada um desses orientalistas dá a estas palavras sentidos diferentes).

♦ [Conhecimento, sabedoria.]

90. "Chegar à margem" é, para os budistas do Norte, sinônimo de atingir o nirvana pelo exercício das seis e dez *Paramitas*.

211 5. VIRYA, a energia indômita que abre o seu caminho para a VERDADE suprema, erguendo-se acima das mentiras terrenas.

212 6. DHYANA, cuja porta de ouro, uma vez aberta, leva o Naljor♦ para o reino de Sat, o eterno, e para a sua contemplação sem fim.

213 7. PRAJNA, cuja chave faz de um homem um Deus, criando-o um Bodhisattva, filho dos Dhyanis.

214 Tais são as chaves de ouro para esses portais.

215 Antes que possas acercar do último, ó tecedor da tua liberdade, tens de possuir estas Paramitas da perfeição — as virtudes transcendentais, seis e dez em número — por esse longo caminho.

216 Porque, ó discípulo, antes que estivesses apto a encontrar o teu Mestre frente a frente, o teu SENHOR luz a luz, que foi que te disseram?

217 Antes que te possas acercar da porta mais próxima tens de aprender a separar o teu corpo do teu espírito, e a viver no eterno. Para isso, tens de viver e respirar em tudo, como tudo que tu vês respira em ti; sentir-te existir em todas as coisas, e todas as coisas em TI.

218 Não deixarás os teus sentidos fazerem do teu espírito campo para o seu recreio.

219 Não separarás o teu ser do SER, e do resto, mas fundirás o oceano na gota de água, e a gota de água, no oceano.

220 Assim estarás em acordo com tudo quanto vive; ama os homens como se eles fossem os teus condiscípulos, discípulos do mesmo Mestre, filhos da mesma boa mãe.

221 Professores há muitos; a ALMA-MESTRA[91] é uma, Alaya, a Alma universal. Vive nesse MESTRE como o SEU raio em ti. Vive nos teus semelhantes como eles NELA.

222 Antes que estejas no limiar do Caminho; antes que entres pela primeira porta, tens de fundir os dois em um e sacrificar o pessoal à

♦ Um homem sem pecado, um santo.

91. A ALMA-MESTRA é Alaya, a alma universal ou Atma, de que cada homem tem um raio em si, e com que se supõe que é capaz de se identificar e se fundir.

PERSONALIDADE impessoal, e assim destruir o caminho entre as duas — *Antahkarana*.[92]

223 Tens de estar pronto a responder a Darma, a lei austera, cuja voz te perguntará ao teu primeiro passo, ao teu passo inicial:

224 "Obedeceste a todas as regras, ó de altas esperanças?"

225 "Puseste o teu coração e a tua mente de acordo com a grande mente e o grande coração de toda a humanidade? Porque, como a voz sonora do grande rio, no qual todos os sons têm o seu eco,[93] assim deve o coração daquele que queira entrar para o rio vibrar em resposta a cada suspiro e a cada pensamento de tudo quanto vive e respira."

226 Os discípulos podem ser comparados às cordas da *Vina* que ecoa as almas; a humanidade, à sua caixa de ressonância; a mão que vibra, à respiração melodiosa da GRANDE ALMA DO MUNDO. A corda que não vibra, ao toque do Mestre em harmonia suave com todas as outras, quebra-se e é deitada fora. Assim as mentes coletivas dos *Lanu-Shravakas*. Têm de ser afinadas para vibrar de acordo com o espírito do Acharya — uno com a Sobre-Alma — ou que se quebrar.

227 Assim fazem os irmãos da sombra — os assassinos das suas Almas, a horrível seita dos Dad-Dugpa.[94]

---

92. *Antahkarana* é o *Manas* inferior, o caminho de comunicação ou comunhão entre a personalidade e o *Manas* superior ou Alma humana. Na morte destrói-se como caminho ou meio de comunicação, e os seus restos sobrevivem sob uma forma como o *Kamarupa* — a casca.

93. Os budistas do Norte, e, de resto, todos os chineses, sentem no rugido fundo de alguns dos rios grandes e sagrados a nota mestra da natureza. Daí o símile. É um fato bem conhecido, tanto na ciência física como no ocultismo, que o som agregado da natureza — como no rugido dos grandes rios, ou no ruído produzido pela oscilação dos cimos das árvores numa grande floresta ou no som de uma cidade ouvido a distância — é um tom único e definido de um alcance perfeitamente apreciável. Mostram-no físicos e músicos. Assim, o Professor Rice (*A música chinesa*) diz que os chineses reconheceram o fato há milhares de anos, dizendo que as águas do Hoang-ho, ao correr, davam o *Kung*, chamado o "grande tom" na música da China: e mostra que este tom corresponde ao *la*, "considerado pelos físicos modernos o tom essencial da natureza". O Professor B. Silliman cita-o, também, no seu *Princípios de Física*, dizendo que "este tom é dado como sendo o *la* médio do piano, que pode, portanto, ser considerado a nota mestra da natureza".

94. Os *Bhöns* e *Dugpas*, e as várias seitas dos "barretes-vermelhos", são considerados como os mais hábeis feiticeiros. Vivem no Tibete Ocidental, no Tibete Menor e no Butão. São todos Tantrikas. É absolutamente ridículo encontrar orientalistas que visitaram as fronteiras do Tibete, como Schlagintweit e outros, a confundir os ritos

228 Puseste o teu ser de acordo com a grande dor da humanidade, ó candidato à luz?

229 Fizeste assim?... Podes entrar. Antes, porém, que dês um passo no duro caminho da tristeza, é bom que aprendas quais são os perigos da estrada.

230 Armado com a chave da caridade, do amor e da terna misericórdia, podes estar tranquilo ante à porta de Dana, a porta que fica à entrada do CAMINHO.

231 Vê, ó ditoso peregrino! O portal que tens diante é alto e largo, parece fácil lá chegar. A estrada que o atravessa é direita, suave e relvada. É como uma clareira cheia de sol no meio da floresta escura e funda, um lugar na terra refletindo o paraíso de Amitahba. Ali rouxinóis de esperança e aves de penas radiosas cantam em vergéis verdes, trilando triunfo aos peregrinos sem receio. Cantam as cinco virtudes do Bodhisattva, a fonte quíntupla do poder do Bodhi, e dos sete degraus no conhecimento.

232 Passa, segue adiante! Trouxeste a chave: está salvo.

233 Para a segunda porta a entrada é verde também, mas é íngreme e serpenteia montanha acima — sim, até ao cimo rochoso da montanha. Névoas cinzentas cobrirão o seu píncaro rude e pedregoso, e para além será tudo escuridão. À medida que avança, o cântico da esperança soa cada vez mais débil no coração do peregrino. O arrepio da dúvida atinge-o; os seus passos tornam-se mais incertos.

234 Acautela-te com isto, ó candidato; acautela-te contra o medo que, como as asas negras e silenciosas do morcego noturno, se alastra entre o luar da tua Alma e a tua grande meta que surge na distância, muito longe ainda.

235 O medo, ó discípulo, mata a vontade e demora a ação. Se é falho da virtude Shila, o peregrino tropeça, e pedras cármicas ferem-lhe os pés pelo caminho pedregoso.

---

e [as repulsivas] práticas desta gente com as crenças religiosas dos Lamas orientais, os "barretes-amarelos", e os seus *Naljors* ou homens santos. [A seguir, temos um exemplo (vide nota 95 [p. 84]).]

236 Pisa com segurança, ó candidato. Banha a tua alma na essência de Kshanti♦; porque te acercas agora do portal que tem esse nome, a porta da fortaleza e da paciência.

237 Não feches os olhos, nem percas de vista Dorje;[95] as setas de Mara atingem sempre o homem que não chegou ao Vairagya.[96] ♦♦

238 Não tremas. Sob o hálito do medo enferruja a chave de Kshanti: a chave ferrugenta já não pode abrir.

239 Quanto mais avançares, mais e mais serão os perigos que cercarão os teus passos. O caminho que segue adiante é iluminado por uma chama — a luz da audácia ardendo no coração. Quanto mais ousares, mais conseguirás. Quanto mais temeres, mais a luz esmorecerá — e só ela te pode guiar. Porque como o último raio de sol no píncaro de alto monte é seguido pela noite escura quando cessa, assim é a luz do coração. Quando se apaga, uma sombra negra e ameaçadora cairá do teu coração sobre o Caminho, e prenderá os teus pés pávidos no chão.

240 Acautela-te, discípulo, com essa sombra letal. Nenhuma luz que brilhe do Espírito pode dispersar a escuridão da Alma inferior, a não ser que todo o pensamento egoísta de lá tenha fugido, e que o peregrino diga: "Abdiquei deste corpo que passa; destruí a causa; as sombras, meros efeitos, não podem já subsistir". Porque teve lugar agora a última grande batalha, a guerra final entre o ser *Superior* e o *Inferior*. Vê, o próprio campo da batalha se engolfou na grande guerra, e deixou de existir.

♦ [Kshanti, "paciência", vide anteriormente (aforismo 209, p. 80) a enumeração das chaves de ouro.]

95. *Dorje* é o sânscrito *Vajra*, uma arma ou instrumento nas mãos de alguns Deuses (os *Dragshed* tibetanos, os *Devas* que protegem os homens), e é considerado como tendo o mesmo poder oculto de repelir más influências, purificando o ar, que o ozônio tem na química. É também um *Mudra*, um gesto e uma posição usados ao sentar para a meditação. É, em resumo, um símbolo de poder sobre más influências invisíveis, quer como posição, quer como talismã. Os *Bhöns* e *Dugpas*, porém, tendo apropriado o símbolo, aproveitam-se dele sinistramente para os fins da magia negra. Para os barretes-amarelos, ou *Gelugpas*, é um símbolo de poder: como a cruz para os cristãos, e é tão pouco superstição como esta. Para os *Bhöns* é, como *duplo triângulo invertido*, o sinal da bruxaria.

96. *Vairagya* é o sentimento de absoluta indiferença para com o universo objetivo, ao prazer e à dor. "Nojo" (como o nojo da saciedade) não dá bem a ideia, mas é o mais próximo que há. ("Despaixão" seria, talvez, o termo mais apropriado.)

♦♦ [Vairagya, "indiferença", vide anteriormente (aforismo 210, p. 80) a enumeração das chaves de ouro.]

241 Mas, uma vez passada a porta de Kshanti, está dado o terceiro passo. O teu corpo é teu escravo. Prepara-te agora para a quarta porta, a porta das tentações que enleiam o homem *interior*.

242 Antes que possas acercar-te dessa meta, antes que tua mão se erga para levantar o fecho da quarta porta, deves ter dominado todas as alterações mentais em ti, e matado o exército das sensações-pensamentos que, sutis e insidiosos, se introduzem, sem que tu queiras, no sacrário luzente da Alma.

243 Se não queres que eles te matem, deves tornar inofensivas as tuas criações, os filhos dos teus pensamentos, invisíveis, impalpáveis, que enxameiam em torno à humanidade, prole e herdeiros do homem e das suas presas terrestres. Tens de estudar o vácuo do aparentemente cheio, o cheio do aparentemente vazio. Ó aspirante intemerato, olha bem para dentro do poço do teu coração, e responde. Conheces bem os poderes da Personalidade, ó observador das sombras externas?

244 Se os não conheces, estás perdido.

245 Porque, no quarto caminho, a mais leve brisa da paixão ou do desejo fará tremer a luz firme nos muros brancos e puros da Alma. A mais pequena onda de ânsia ou de saudade pelos dons ilusórios de Maya, ao passares por *Antahkarana* — o caminho que há entre o teu Espírito e a tua Personalidade, a estrada-real das sensações, as despertadoras de *Ahamkara*[97] —, um pensamento rápido como a luz do relâmpago far-te-á perder os teus três prêmios — os três prêmios que ganhaste. 246 Aprende que no ETERNO não há mudança.

247 "As oito cruéis angústias abandona para sempre; se não, por certo que não chegaste à sabedoria, nem ainda à libertação", diz o grande Senhor, o Tathagata da perfeição, "aquele que seguiu as passadas dos seus predecessores".[98]

248 Austera e exigente é a virtude de Vairagya. Se queres possuir o seu caminho, tens de ter a tua mente, as tuas percepções, mais do que nunca, livres da ação mortal.

---

97. *Ahamkara* — o sentimento da sua própria personalidade, a noção do "eu sou".

98. "Um que segue as passadas dos seus predecessores" é o verdadeiro sentido do nome *Tathagata*.

249 Tens de te saturar do puro Alaya, de te identificar com o pensamento da Alma da natureza. Unificado com ele és invencível; separado dele, tornas-te o campo de recreio de Samvritti,[99] origem de todas as ilusões do mundo.

250 Tudo é transitório no homem, salvo a pura e clara essência de Alaya. O homem é seu raio cristalino; por dentro um raio de luz imaculada, uma forma de barro material na superfície inferior. Esse raio é o teu guia de vida e a tua Personalidade verdadeira, a sentinela e o pensador silencioso, a vítima do teu ser inferior. A tua Alma não pode ser ferida senão através do teu corpo pecador; domina e rege os dois, e estarás salvo quando atravessares para a "porta do equilíbrio", que se aproxima.

251 Anima-te, audaz peregrino, para a outra margem. Não dês ouvidos ao segredar das hostes de Mara; afasta os tentadores, esses espíritos de má índole, os Lhamayin[100] no espaço infinito.

252 Mantém-te firme! Acercas-te agora do portal médio, a porta da dor, com as suas dez mil armadilhas.

253 Domina os teus pensamentos, ó ansioso pela perfeição, se queres atravessar o limiar dela.

254 Domina a tua Alma, ó ansioso pelas verdades eternas, se queres chegar à meta.

255 Concentra o olhar da tua Alma na luz única e pura, na luz que nada afeta, e serve-te da tua chave de ouro.

---

99. *Samvritti* é aquela das duas verdades que demonstra o caráter ilusório ou o vácuo de todas as coisas. Neste caso significa a verdade *relativa*. A escola *Mahayana* ensina a diferença entre estas duas verdades — *Paramarthasatya* e *Samvrittisatya* (Satya--verdade). É este o pomo de discórdia entre os *Madhyamikas* e os *Yogacharyas*, os primeiros dos quais negam, e os segundos afirmam, que todo objeto existe devido a uma causa anterior ou por uma concatenação. Os *Madhyamikas* são os grandes niilistas e negadores, para quem tudo é *Parikalpita*, uma ilusão e um erro no mundo do pensamento e do subjetivo, tanto como no universo objetivo. Os *Yogacharyas* são os grandes espiritualistas. *Samvritti*, portanto, por ser apenas a verdade relativa, é a origem de toda ilusão.

100. Os *Lhamayin* são elementais e maus espíritos adversos aos homens, e seus inimigos.

256 O árduo trabalho está feito, a tua tarefa é quase finda. O grande abismo, que se abria para te tragar, está quase passado.

257 Atravessaste a vala que circunda a porta das paixões humanas. Venceste já a Mara e a sua horda furiosa.

258 Tiraste a impureza do teu coração e sangraste-o de desejos impuros. Mas, ó combatente glorioso, a tua tarefa ainda não é finda. Constrói alto, Lanu, o muro que há de defender a tua ilha sagrada,[♦] o dique que protegerá o teu espírito do orgulho e do contentamento ao pensares no teu grande feito.

259 Um sentimento de orgulho macularia a tua obra. Sim: ergue forte o muro, não vá o impulso feroz das ondas em guerra, que sobem e batem na sua costa, vindas do grande Mundo oceano de Maya, engolfar o peregrino e a ilha — sim, no próprio momento da vitória.

260 A tua "ilha" é a corça, os teus pensamentos, os galgos que cansam e perseguem o seu avanço até o rio da vida. Ai da corça que é atingida pelos galgos malignos antes que chegue ao vale do refúgio — Jnana-marga,[101] "o caminho do puro conhecimento".

261 Antes que te possas estabelecer em Jnana-marga e chamar-lhe teu, a tua Alma tem de se tornar como o fruto maduro da mangueira: mole e doce como a sua polpa dourada para as angústias dos outros, duro como o caroço desse fruto para as tuas próprias dores e angústias, ó triunfador da alegria e da tristeza.

262 Torna a tua Alma dura contra as armadilhas da tua *Personalidade*; faze com que ela mereça o nome de Alma de Diamante.[102]

263 Porque como o diamante enterrado fundo no coração vivo da terra não pode refletir as luzes terrenas, assim são a tua mente e a tua

♦ O Eu superior, ou personalidade pensante.

101. *Jnana-marga* é, literalmente, o caminho de *Jnana*, ou o *caminho do conhecimento puro*, de *Paramartha* ou (em sânscrito) *Svasamvedana*, a reflexão evidente por si, ou autoanalítica.

102. [Vide nota 49 (p. 66). "Alma de Diamante" ou *Vajradhāra* preside os *Dhyāni-Buddhas*.]

Alma; imersas no Jnana-marga, nada devem refletir do meio ilusório de Maya.

264 Quando chegares a esse estado, os portais que tens de vencer no teu caminho abrem de par em par as suas portas, para que passes, e os poderes maiores da natureza não têm força para te embargar o passo. Serás dono do sétuplo caminho: mas só então o serás, ó candidato a provas indizíveis.

265 Até ali, espera-te uma tarefa muito mais difícil: tens de te sentir TODO PENSAMENTO, e contudo exilar da tua Alma todos os pensamentos.

266 Tens de chegar àquela fixidez de espírito em que nenhuma brisa, por mais que cresça, pode soprar um pensamento material para dentro dele. Assim purificado, o sacrário deve ficar vazio de toda a ação, som ou luz da terra; assim como a borboleta, atingida pela geada, cai morta no limiar – assim todos os pensamentos materiais devem cair mortos ante o templo.

Vê que está escrito:

267 "Antes que a chama dourada possa arder com um brilho firme, deve a lâmpada estar guardada num lugar livre de toda a aragem."♦ Exposta à brisa volúvel, a chama tremerá, e, tremendo, lançará sombras enganosas, negras, e sempre variantes, sobre o sacrário branco da Alma.

268 E então, ó perseguidor da verdade, a alma da tua mente tornar-se-á como um elefante louco, que se enfurece na floresta. Tomando as árvores por inimigos vivos, morre ao tentar matar as sombras sempre incertas bailando no muro dos rochedos inundados de sol.

269 Acautela-te, não vá a tua Alma, ao cuidar da tua Personalidade, perder pé no terreno do conhecimento Deva.

270 Acautela-te, não vá a tua Alma, ao esquecer a PERSONALIDADE, perder o seu domínio sobre seu espírito trêmulo, perdendo assim o justo prêmio das suas conquistas.

271 Acautela-te contra a mudança, porque a mudança é o teu grande inimigo. A mudança lutará contigo, afastar-te-á, atirar-te-á para fora do caminho que trilhas, para dentro de pântanos viscosos de dúvida.

♦ [*Bhagavad Gita.*]

272 Prepara-te e acautela-te a tempo. Se experimentaste e falhaste, ó lutador indômito, não percas, porém, a coragem: continua a lutar, e volta ao embate repetidamente.

273 O guerreiro destemido, ainda que o sangue da sua vida lhe escorra das feridas abertas, continuará a atacar o inimigo, expulsá-lo-á do seu forte, vencê-lo-á mesmo antes que ele próprio expire. Agi, pois, todos vós que falhais e que sofreis, como esse soldado; e do forte da vossa Alma expulsai todos os vossos inimigos — a ambição, a cólera, o ódio, até a sombra do desejo — mesmo quando tiverdes falhado...

274 Lembra-te, tu que lutas pela libertação humana,[103] que cada falência é um triunfo, e cada tentativa sincera a seu tempo recebe o seu prêmio. Os santos germens que brotam e crescem invisíveis na Alma do discípulo, dobram como juncos mas não quebram, nem podem eles se perder. Mas, quando a hora soa, desabrocham.[104]

275 Mas se vieste preparado, então não temas nada.

276 Daqui em diante é claro o teu caminho; que vai direto à porta de *Virya*, o quinto dos sete portais. Estás agora no caminho que conduz ao porto de Dhyana, o sexto portal, o portal Bodhi.

---

103. É esta uma alusão a uma crença bem conhecida no Oriente (como, de resto, também no Ocidente) de que cada Buda ou santo a mais é um novo soldado no exército daqueles que trabalham pela libertação ou salvação da humanidade. Nas regiões do budismo do Norte, onde é ensinada a doutrina dos *Nirmanakayas* — aqueles *Bodhisattvas* que renunciam à justamente merecida veste do Nirvana ou do *Dharmakaya* (qualquer dos quais os isolam para sempre do mundo dos homens) para invisivelmente auxiliar a humanidade e conduzi-la finalmente ao Paranirvana — cada novo *Bodhisattva*, ou grande Adepto iniciado, é denominado o libertador da humanidade. A afirmação, feita por Schlagintweit no seu livro *O Budismo no Tibete*, de que *Prulpai ku* ou *Nirmanakaya* é "o *corpo* em que os Budas ou Bodhisattvas aparecem na terra para ensinar os homens" é absurdamente errônea e nada explica.

104. Uma referência às paixões e aos pecados humanos que são chacinados durante as provações do noviciado, e servem de terreno bem adubado onde podem germinar os germens ou as sementes das virtudes transcendentais. As virtudes, os talentos ou os dons preexistentes têm-se por adquiridos numa nascença anterior. O gênio é, sem exceção, um talento ou uma aptidão trazidos de uma vida anterior.

277 A porta de Dhyana é como um vaso de alabastro, branco e transparente; dentro dele arde uma luz firme e dourada, a chama de Prajnâ, que de Atma irradia.

278 Esse vaso és tu.

279 Afastaste-te dos objetos dos sentidos, seguiste pelo caminho da visão, pelo caminho da audição, e estás agora na luz do conhecimento. Chegaste agora ao estado de Titiksha.[105]

280 Ó Naljor, estás salvo.

281 Aprende, vencedor dos pecados, que uma vez que um Sowani[106] tenha atravessado o sétimo caminho, toda a natureza estremece de religiosa alegria e se sente submissa. A estrela prateada eis que cintila essa nova às flores da noite, o riacho murmura esse conto às pedras; as ondas escuras do oceano o cantam aos rochedos cheios de espuma, as brisas perfumadas cantam-no aos vales, e os pinheiros altivos segredam misteriosamente: "Surgiu um Mestre, um MESTRE DO DIA".[107]

282 Ele ergue-se agora como uma coluna branca ao ocidente, sobre cuja fronte o sol nascente do pensamento eterno derrama as suas primeiras ondas gloriosas. O seu espírito, como um oceano ilimitado em calmaria, alastra-se no espaço sem praias. Ele tem a vida e a morte na sua mão poderosa.

283 Sim, ele é poderoso. O poder vivo tornado livre nele, esse poder que é ELE PRÓPRIO, pode erguer o tabernáculo da ilusão muito acima dos Deuses, acima dos grandes Brahm e Indra. É *agora*, por certo, que ele conseguirá o seu grande prêmio!

---

105. TITIKSHA é o quinto estado do *Raja Ioga* — um estado de suprema indiferença: a submissão, se for preciso, ao que se chama "o prazer e a dor para todos", mas não tirando nem prazer nem dor de tal submissão — em suma, o tornar-se física, mental e moralmente indiferente e insensível quer ao prazer, quer à dor.

106. SOWANI é aquele que pratica o *Sowan*, o primeiro caminho em *Dhyana*, um Srotapatti.

107. "Dia" aqui significa todo um *Manvantara*, um período de incalculável duração.

284 Não usará ele os dons, que isso confere, para seu descanso e felicidade, para seu proveito e glória tão bem ganhos — ele, o subjugador da grande ilusão?

285 *Não*, ó candidato à ciência secreta da natureza! Se quiseres seguir os passos do santo Tathagata, esses dons e poderes não são para ti próprio.

286 Irás assim por um dique às águas nascidas em Someru?[108] Irás desviar o rio para teu serviço, ou fazê-lo subir até a sua nascente, pelos cerros dos ciclos?

287 Se quiseres que esse rio de conhecimento bem ganho, de sabedoria da divina origem, fique uma corrente pura, não deves deixar que ele se torne um lago estagnado.

288 Aprende: se quiseres te tornar cooperador de Amitabha, a Idade Ilimitada, então deves derramar a luz adquirida, como os dois Bodhisattvas,[109] sobre a extensão de todos os três mundos.[110]

289 Aprende que a corrente de conhecimento sobre-humano e a sabedoria Deva, que adquiriste, deve, de ti, o canal de Alaya, ser derramada para outro leito.

290 Aprende, ó Naljor, tu do caminho secreto, as suas águas puras devem ser empregadas para tornar mais doces as ondas amargas do oceano — esse grande mar de sofrimento formado pelas lágrimas dos homens.

291 Ai de ti! Uma vez que te tornaste como a estrela fixa no alto céu, esse claro orbe celeste deve, das profundezas do espaço, para todos brilhar, menos para si; dar luz a todos, e a nenhum tirá-la.

292 Ai de ti! Uma vez tornado como a neve pura nos vales das montanhas, fria e insensível ao tato, quente e protetora para a semente

108. Meru, a montanha sagrada dos Deuses.

109. Na simbologia do budismo setentrional, diz-se que *Amitabha*, ou o espaço ilimitado (*Parabrahman*), tem no seu paraíso dois *Bodhisattvas* — Kuan-shi-yin e Tashishi — que não cessam de irradiar luz para sobre os três mundos onde viveram, incluindo o nosso, para, com esta luz (do conhecimento), auxiliar a instrução dos iogues, os quais, por sua vez, salvarão os homens. A sua alta posição no reino de *Amitabha* é — diz a alegoria — devida a atos de misericórdia por ambos praticados, como tais iogues, quando na terra.

110. Estes três mundos são os três planos do ser — o terreno, o astral e o espiritual.

que dorme fundo sob o seu seio — agora é essa neve que deve receber a geada mordente, os vendavais do norte, protegendo assim, do seu dente fino e cruel, a terra que contém a colheita prometida, a colheita que dará pão aos que têm fome.

293 Por ti próprio condenado a viver através de Kalpas♦ futuros sem que os homens te vejam ou te agradeçam; apertado como uma pedra contra inúmeras outras que formam o Muro da Guarda,[111] tal é o teu futuro se passares a sétima porta. Construído pelas mãos de muitos Mestres da compaixão, erguido pelas suas torturas, cimentado pelo seu sangue, ele protege a humanidade, desde que o homem é homem, livrando-a de mais e de maior angústia e tristeza.

294 O homem, porém, não o vê, não o quer ver, nem quer dar ouvidos à palavra da sabedoria... porque não a conhece.

295 Mas tu a ouviste, tu sabes tudo, ó de Alma ansiosa e imaculada... e tens de escolher. Escuta ainda.

296 No Caminho de Sowan, ó Srotapatti♦♦, segues seguro. Sim, nesse Marga♦♦♦, onde apenas a escuridão vem ao encontro do peregrino cansado, onde, rasgadas por espinhos, as mãos gotejam sangue, os pés são rasgados por pedras agudas e duras, e Mara emprega as suas armas mais fortes — para além dele, *imediatamente*, há um grande prêmio.

297 Calmo e impasssível, o peregrino vai até o rio que conduz ao Nirvana. Ele sabe que, quanto mais os seus pés sangrarem, mais lavado e limpo ele próprio ficará. Ele sabe bem que, depois de sete breves e transitórias nascenças, o Nirvana lhe pertencerá...

298 Tal é o caminho de Dhyana, o porto do iogue, a meta sagrada que os Srotapattis buscam.

299 Não é assim quando atravessou e conquistou o caminho Arhata.♦♦♦♦

♦ [Ciclo de eras.]

111. O *muro da guarda,* ou *muro da proteção.* É-nos ensinado que os esforços acumulados de longas gerações de Iogues, Santos e Adeptos, especialmente dos *Nirmanakayas,* criaram, por assim dizer, um muro de proteção em torno da humanidade, que a guarda invisivelmente contra males ainda maiores.

♦♦ [Sowan e Srotapatti são sinônimos.]

♦♦♦ [Marga – “Caminho”.]

♦♦♦♦ [Do sânscrito *Arhat* ou *Arhan.*]

300 Ali Klesha[112] é destruído para sempre, e as raízes de Tanhā,[113] arrancadas, mas para, discípulo... escuta uma palavra ainda. Podes tu destruir a divina COMPAIXÃO? A compaixão não é um atributo. É a LEI das LEIS – a harmonia eterna, o PRÓPRIO SER de Alaya, uma essência universal sem praias, a luz da justiça eterna, o acordo de tudo, a lei do eterno amor.

301 Quanto mais com ela te unificares, fundido o teu ser no seu SER, tanto mais a tua Alma se unirá àquilo que é, tanto mais te tornarás a COMPAIXÃO ABSOLUTA.[114]

302 Tal é o caminho Arya, caminho dos Budas da perfeição.

303 Mas o que significam os livros sagrados que te fazem dizer:

304 "AUM! Creio que nem todos os Arhats obtêm o doce gozo do caminho nirvânico."

305 "AUM! Creio que no Nirvanadharma não entram todos os Budas."[115]♦

306 Sim; no caminho de Arya não és já um Srotapatti, és um Bodhisattva.[116] Atravessaste o rio. É certo que tens o direito à veste do Dharmakaya; mas um Samhbogakaya é maior do que um Nirvani, e maior ainda é um Nirmanakaya – o Buda da Compaixão[117].

---

112. *Klesha* é o amor ao prazer ou à alegria terrena, quer seja boa ou má.

113. *Tanhā*, a vontade de viver, aquilo que causa o renascer.

114. Esta compaixão não deve ser tida por análoga ao "Deus, o divino amor" dos teístas. A compaixão significa aqui uma lei abstrata, impessoal, cuja natureza, sendo a harmonia absoluta, é tornada confusa pela discórdia, pelo sofrimento e pelo pecado.

115. Na fraseologia do budismo do Norte, todos os grandes Arhats, Adeptos e santos são denominados Budas.

♦ As citações atuais são feitas do *Thegpa Chenpoido*, o *Mahayana Sutra*, "Invocações aos Budas da Confissão", parte I, IV.

116. Um *Bodhisattva* é, na hierarquia, menos do que um Buda perfeito. Na linguagem exotérica os dois são muito confundidos. Mas a percepção popular, intuitiva e justa, colocou um *Bodhisattva*, devido ao seu grande sacrifício, mais alto no seu respeito do que um Buda.

117. Este mesmo respeito popular chama "Budas da Compaixão" àqueles *Bodhisattvas* que, tendo chegado ao grau de Arhat (isto é, tendo completado o *quarto* ou *sétimo* caminho), recusam-se a passar para o estado nirvânico ou "vestir a veste do *Dharmakaya* e passar para a outra margem", visto que então já não poderiam auxiliar os homens mesmo o pouco que o Karma permite. Preferem continuar invisivelmente (no espírito, por assim dizer) no mundo, e contribuir para a salvação humana, influenciando os homens a seguir a boa Lei, isto é, levando-os para o

307 Inclina agora a tua fronte e escuta bem, ó Bodhisattva – a compaixão fala e diz: "Pode haver felicidade quando tudo quanto vive tem de sofrer? Quererás salvar-te ouvindo todo o mundo chorar?"

308 Agora ouviste o que se disse:

309 Chegarás ao sétimo degrau e atravessarás a porta do conhecimento final, mas só para tomares a dor por esposa – se queres ser Tathagata, seguir os passos do teu predecessor, conservar-te altruísta até o fim sem fim.

310 Sabes já tudo – escolhe o teu caminho.

311 Olha a luz suave que inunda o céu oriental. Céu e terra unem-se em gestos de adoração. E dos poderes quadruplamente manifestados

---

caminho da virtude. É costume entre os exotéricos do budismo do Norte venerar esses grandes caracteres como santos e mesmo rezar a eles, como fazem os gregos e os católicos aos seus santos e padroeiros; mas os ensinamentos esotéricos não permitem essas orações. Há uma grande diferença entre as duas doutrinas. O exotérico laico mal sabe o verdadeiro sentido da palavra *Nirmanakaya* – daí a confusão e as explicações insuficientes dos orientalistas. Por exemplo: Schlagintweit crê que *Nirmanakaya* significa uma forma física assumida pelos Budas quando encarnam na terra – "o menos sublime dos seus invólucros terrenos" (ver *O Budismo no Tibete*) – e passa a dar uma opinião inteiramente falsa sobre o assunto. A verdadeira doutrina é, porém, esta:

I. Nirmanakaya.
II. Sambhogakaya.
III. Dharmakaya.

O primeiro é aquela forma etérea que ele assumiria quando, abandonando o seu corpo físico, aparecesse no seu corpo astral – tendo a mais todos os conhecimentos de um Adepto. O *Bodhisattva* desenvolve-o em si à medida que avança no caminho. Tendo chegado à meta e recusado a sua fruição, permanece na terra, como um Adepto; e quando morre, em vez de entrar para o Nirvana, fica no corpo glorioso que para si tecem, *invisível* à humanidade não iniciada, para a velar e proteger.

Sambhogakaya é o mesmo, mas com o brilho adicional de três perfeições, uma das quais é a obliteração de todas as preocupações terrenas.

O corpo *Dharmakaya* é o de um Buda completo, isto é, não é já um corpo, mas um sopro ideal; a consciência imersa na consciência universal, ou a alma despida de todos os atributos. Uma vez tornado um Dharmakaya, um Adepto ou Buda abandona toda a possível relação com, ou o pensamento sobre, esta terra. Assim, para poder auxiliar a humanidade, um Adepto que adquiriu o direito ao Nirvana "renuncia ao corpo *Dharmakaya*", falando misticamente; guarda, do Sambhogakaya, apenas os conhecimentos grandes e completos, e fica no seu *Nirmanakaya*. A escola esotérica ensina que Gautama Buda, com vários dos seus Arhats, é um *Nirmanakaya* destes, acima de quem, pela sua grande renúncia e pelo sacrifício pela humanidade, ninguém se conhece.

sabe um cântico de amor, tanto do fogo que brilha como da água que corre, da terra perfumada e do vento que passa.

312 Escuta!... do grande e insondável vórtice daquela luz dourada em que o Vencedor se banha, TODA a voz sem palavras da NATUREZA se ergue para em mil tons proclamar:

313 *SAÚDO-VOS, Ó HOMENS DE MYALBA.*[118]

314 *UM PEREGRINO REGRESSOU DA OUTRA MARGEM.*

315 *NASCEU UM NOVO ARHAN.*[119]

316 *Paz a todos os seres.*[120]

---

118. *Myalba* é a nossa terra — a que a escola esotérica aptamente chama inferno, e o maior de todos os infernos. A doutrina esotérica não conhece inferno, ou lugar de castigo, a não ser um planeta ou uma terra habitados. *Avichi* é um estado, e não um lugar.

119. Significa isto que nasceu um novo salvador da humanidade, que conduzirá os homens ao Nirvana final, isto é, depois do fim do ciclo de vidas.

120. É esta uma das variantes da fórmula que invariavelmente fecha todo o tratado, invocação ou instrução. “Paz a todos os seres”, “Bênçãos sobre tudo quanto vive” etc.

Este livro foi impresso pela Gráfica Piffer Print
em fonte Georgia sobre papel Pólen Bold 90 g/m²
para a Mantra no inverno de 2024.